rowohlts monographien
begründet von Kurt Kusenberg
herausgegeben
von Wolfgang Müller und Uwe Naumann

Dietrich Bonhoeffer

mit Selbstzeugnissen
und Bilddokumenten
dargestellt von
Eberhard Bethge

rowohlts monographien

Rowohlt

Dieses Buch entstand in gemeinsamer Arbeit mit meiner Frau Renate

---

Dieser Band wurde eigens für «rowohlts monographien» geschrieben
Den Anhang besorgte der Autor
Herausgeber: Kurt Kusenberg · Redaktion: Beate Möhring
Schlußredaktion: K. A. Eberle
Umschlagentwurf: Werner Rebhuhn
Vorderseite: Dietrich Bonhoeffer auf dem Gefängnishof in Tegel,
Juli 1944 (Slg. Eberhard Bethge, Rengsdorf)
Rückseite: Bonhoeffers Zelle in Tegel
(Aus: The Steps of Bonhoeffer. A Pictorial Album.
Hg. von J. Martin Baily and Douglas Gilbert.
United Church Press, Philadelphia, Pa.)

Veröffentlicht im Rowohlt Taschenbuch Verlag GmbH,
Reinbek bei Hamburg, März 1976

Gesetzt aus der Linotype-Aldus-Buchschrift
und der Palatino (D. Stempel AG)
Gesamtherstellung Clausen & Bosse, Leck
Printed in Germany
1290-ISBN 3 499 50236 4

16. Auflage. 73.–76. Tausend Oktober 1996

Inhalt

London, Juli 1939

PERSPEKTIVEN

Die kürzlich verstorbene polnische Publizistin aus der katholischen ZNAK-Gruppe, Anna Morawska, sagte in einem Gespräch: «Bonhoeffer ist aufregend, weil er unsere Fragestellung zu denken wagte. Nämlich wie man in der vollzogenen Religionslosigkeit Christus begegnet. Woran sind wir mit Christus, wenn wir uns mitten im Atheismus nicht als Agnostiker verstehen wollen, sondern eine Verehrung für ihn verspüren? Wenn wir die Grenze zwischen sogenannten Gläubigen und sogenannten Ungläubigen einfach als falsch empfinden? Genau wie wir selbst ist Bonhoeffer in seiner bürgerlichen Situation und als Verantwortlicher für ein großes kulturelles Erbe auf die tiefgreifenden Umwälzungen nicht vorbereitet gewesen. Trotzdem war er gerade als solcher zur großen Revision bereit.»

Dietrich Bonhoeffer selbst hatte in einem Essay für Mittäter bei der Verschwörung geschrieben: *Es bleibt ein Erlebnis von unvergleichlichem Wert, daß wir die großen Ereignisse der Weltgeschichte einmal von unten, aus der Perspektive der Ausgeschalteten, Beargwöhnten, Schlechtbehandelten, Machtlosen, Unterdrückten und Verhöhnten, kurz der Leidenden sehen gelernt haben. Wenn nur in dieser Zeit nicht Bitterkeit oder Neid das Herz zerfressen hat, daß wir Großes und Kleines, Glück und Unglück, Stärke und Schwäche mit neuen Augen ansehen, daß unser Blick für Größe, Menschlichkeit, Recht und Barmherzigkeit klarer, freier, unbestechlicher geworden ist; ja, daß das persönliche Leiden ein tauglicherer Schlüssel, ein fruchtbareres Prinzip zur betrachtenden und tätigen Erschließung der Welt ist als persönliches Glück. Es kommt nur darauf an, daß diese Perspektive von unten nicht zur Parteinahme für die ewig Unzufriedenen wird, sondern daß wir aus einer höheren Zufriedenheit, die eigentlich jenseits von oben und unten begründet ist, dem Leben in allen seinen Dimensionen gerecht werden und es so bejahen.*[1]*

In der östlichen Welt wird Bonhoeffer wegen dieser resoluten Einstellung auf die Situation des *Blickes von unten* begierig studiert; in der westlichen Welt diskutiert man ihn zustimmend oder ablehnend vorwiegend wegen 50 Seiten Theologie, niedergeschrieben im Tegeler Gefängnis. Diese Seiten «haben einen Einfluß auf das gegenwärtige religiöse Denken ausgeübt, der in keinem Verhältnis zu ihrem Umfang steht und der um so erstaunlicher ist, wenn man bedenkt, wieviel von diesem Denken fragmentarisch geblieben ist», schrieb kürzlich ein englischer Theologe.[2]

Außerdem ist Bonhoeffer zu einem Märtyrer in einem deutschen Konzentrationslager geworden, und dies um einer politischen Verschwörung willen. Es gibt sicher zeitgenössische Theologen, die eine größere systematische Vollendung ihres Werkes erreicht haben; aber sie starben eines natürlichen Todes. Und es gibt Christen, deren Protest ge-

---

* Die hochgestellten Ziffern verweisen auf die Anmerkungen S. 127 f.

gen die Abgötterei der Hitlerzeit in einem kirchlich einleuchtenderen, gängigen Vorstellungen entsprechenderen Martyrium geendet hat; aber sie hinterließen keine aufregend geschriebene Theologie.

Wir besitzen also ein unabgeschlossenes Werk von Bonhoeffer: zunächst die frühen, oft schwer lesbaren theologischen Bücher, die heute in vielen Sprachen erschienen sind; dann die Dokumente, die im kirchlichen und politischen Kampf entstanden; endlich die späten Fragmente aus Tegel. Und wir besitzen das Bild eines tätigen Lebens, das mit 39 Jahren durch die Hand des Henkers endete.

Die Elemente dieses Werkes und Lebens bilden nun eine Brücke zwischen verfeindeten Blöcken und Ländern, zwischen getrennten Konfessionen. Die Wirkung trat erst nach dem Tode des Autors ein. Zehn Jahre später begann man überall in der Welt nach ihm und seinem Werk zu fragen.

Dieses Phänomen ist bemerkenswert. Denn Bonhoeffer hat sich in seinem Leben nicht sonderlich um Publizität gekümmert.

Die letzten Lebensjahre und das Ende vollzogen sich in einem vollständigen Inkognito. Überall kannte man nach 1945 Männer wie Niemöller, Wurm, Dibelius, Lilje. Nur innerste Kreise wußten von dem Kirchenkämpfer, Ökumeniker und Verfasser der *Nachfolge*, Bonhoeffer.

Wer war er, das heißt wie verlief sein Leben? Wer ist er, das heißt was ist sein weiter wirkendes Werk?

Gustave Flaubert behauptete: «L'homme c'est rien, l'œuvre c'est tout.» [Der Mensch ist nichts; das Werk ist alles.] Wir werden diese Aussage hier nicht anerkennen und die Behauptung beinahe umdrehen. Das Abgebrochene in Bonhoeffers Werk gehört zu seiner Faszination. Sein Wesen ist ohne die Begegnung mit ihm nicht erfahrbar. Er hat das Unabgeschlossene von Beruf und Werk selbst als sein Geschick anerkannt: *Je länger wir aus unserem eigentlichen beruflichen und persönlichen Lebensbereich herausgerissen sind, desto mehr empfinden wir, daß unser Leben – im Unterschied zu dem unserer Eltern – fragmentarischen Charakter hat ... Wo gibt es heute noch ein geistiges «Lebenswerk»? Wo gibt es das Sammeln, Verarbeiten und Entfalten, aus dem ein solches entsteht? ... Unsere geistige Existenz aber bleibt ein Torso. Es kommt wohl nur darauf an, ob man dem Fragment unsres Lebens noch ansieht, wie das Ganze eigentlich angelegt und gedacht war und aus welchem Material es besteht. Es gibt schließlich Fragmente, die nur noch auf den Kehrichthaufen gehören (selbst eine anständige «Hölle» ist noch zu gut für sie) und solche, die bedeutsam sind auf Jahrhunderte hinaus, weil ihre Vollendung nur eine göttliche Sache sein kann, also Fragmente, die Fragmente sein müssen – ich denke zum Beispiel an die Kunst der Fuge. Wenn unser Leben auch nur ein entfernter Abglanz eines solchen Fragmentes ist, in dem wenigstens eine kurze Zeit lang die sich immer stärker häufenden, verschiedenen Themata zusammenstimmen und in dem der große Kontrapunkt vom Anfang bis zum Ende durchgehalten wird ... dann wollen wir uns auch über unser fragmentarisches Leben nicht beklagen, sondern daran sogar froh werden.*[3]

Im Sommer 1944 hat er in einem Gedicht die Frage «Wer war Bonhoeffer?» beantwortet. Dahinter stehen seine Herkunft, die Macht seines Einflusses, seine Niederlagen und seine Frömmigkeit:

Wer bin ich?

Wer bin ich? Sie sagen mir oft,
ich träte aus meiner Zelle
gelassen und heiter und fest
wie ein Gutsherr aus seinem Schloß.

Wer bin ich? Sie sagen mir oft,
ich spräche mit meinen Bewachern
frei und freundlich und klar,
als hätte ich zu gebieten.

Wer bin ich? Sie sagen mir auch,
ich trüge die Tage des Unglücks
gleichmütig, lächelnd und stolz,
wie einer, der Siegen gewohnt ist.

Bin ich das wirklich, was andere von mir sagen?
Oder bin ich nur das, was ich selbst von mir weiß?
Unruhig, sehnsüchtig, krank, wie ein Vogel im Käfig,
ringend nach Lebensatem, als würgte mir einer die Kehle,
hungernd nach Farben, nach Blumen, nach Vogelstimmen,
dürstend nach guten Worten, nach menschlicher Nähe,
zitternd vor Zorn über Willkür und kleinliche Kränkung,
umgetrieben vom Warten auf große Dinge,
ohnmächtig bangend um Freunde in endloser Ferne,
müde und leer zum Beten, zum Denken, zum Schaffen,
matt und bereit, von allem Abschied zu nehmen?

Wer bin ich? Der oder jener?
Bin ich denn heute dieser und morgen ein andrer?
Bin ich beides zugleich? Vor Menschen ein Heuchler
und vor mir selbst ein verächtlich wehleidiger Schwächling?
Oder gleicht, was in mir noch ist, dem geschlagenen Heer,
das in Unordnung weicht vor schon gewonnenem Sieg?

Wer bin ich? Einsames Fragen treibt mit mir Spott.
Wer ich auch bin, Du kennst mich, Dein bin ich, o Gott![4]

KINDHEIT

In Amerika wurde nach einem Vortrag über Bonhoeffer einmal gefragt: «Dietrich Bonhoeffer muß einen sehr großen Einfluß auf seine Familie gehabt haben, wie wirkte sich dieser Einfluß denn aus?» Die Antwort, daß seine sieben Geschwister ihn mindestens ebenso beeinflußt hätten wie er sie und daß alle acht Kinder vor allem unter dem gleichen starken Einfluß der Eltern gestanden hätten, verwunderte. Man hatte sich einen Helden vorgestellt, der innerhalb wie außerhalb seiner Familie als Weltverbesserer wirkte. Bei Bonhoeffer reichte der Einfluß der Familie wohl über das übliche Maß hinaus. Diese große Familie hatte einen ungewöhnlichen Zusammenhalt, und das offene, großzügig geführte Haus seiner Eltern war und blieb ein bestimmendes Zentrum nicht nur für die engste, sondern auch für die weitere Verwandtschaft und viele gleichgesinnte Freunde.

Dietrich Bonhoeffer wurde am 4. Februar 1906 in Breslau als sechstes Kind der Familie geboren. Er hatte eine Zwillingsschwester Sabine. Die drei ersten Kinder waren Söhne: Karl-Friedrich und Walter, beide Jahr-

Die Geschwister, von rechts nach links: Karl-Friedrich, Walter, Klaus, Ursula, Christine, Dietrich, Sabine. Breslau, 1908

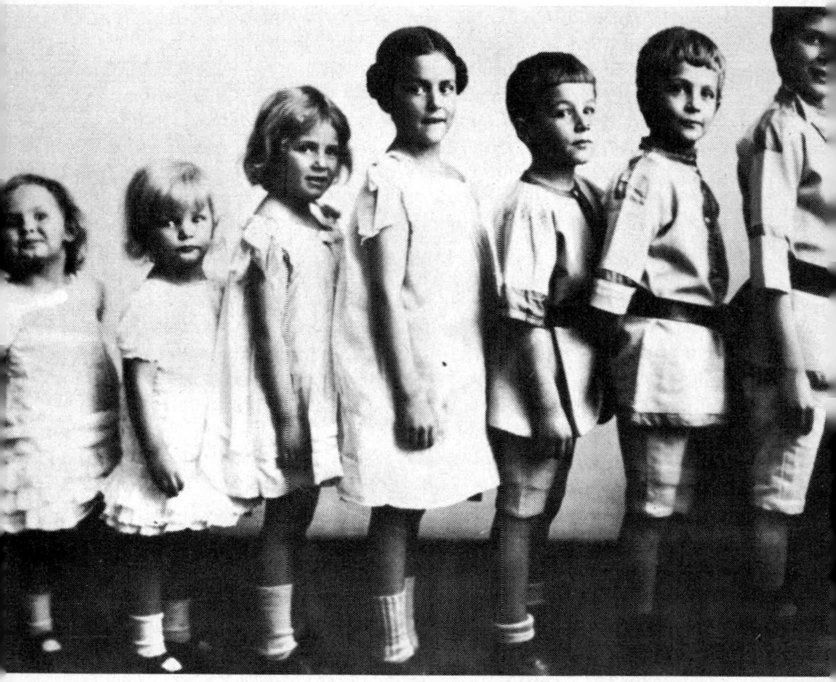

Der Vater: Professor Karl Bonhoeffer. Weihnachten 1925

gang 1899, Klaus, Jahrgang 1901. Es folgten Ursula und Christine in den Jahren 1902 und 1903. Nach den Zwillingen Dietrich und Sabine wurde dann im Jahre 1909 als letzte noch Susanne geboren.

Der Vater, Karl Bonhoeffer, war Professor für Psychiatrie und Neurologie. Er folgte 1912 einem Ruf nach Berlin und übernahm damit den in Deutschland angesehensten Lehrstuhl für dieses Fach. Von hier aus wurde der Name Karl Bonhoeffer über die deutschen Grenzen hinaus bekannt. Allerdings ist Karl Bonhoeffer wohl auch dafür verantwortlich, daß die Psychoanalyse von Freud und Jung damals kaum in die Berliner Fakultät eindringen konnte. Sein Kollege auf dem Heidelberger Lehrstuhl, Robert Gaupp, erklärte das folgendermaßen: «Es mag vielleicht auffallen, daß ein Mann, der als feinsinniger, mit hervorragender Einfühlung begabter Psychiater uns das wohl Beste über das Wesen der hysterischen Symptombildung gegeben hat, im Streit der Geister über die Lehren von Freud, Adler, Jung und anderen ‹Psychoanalytikern›, soweit ich sehe, nirgends ausführlicher und grundsätzlich Stellung genommen hat. ‹Psychoanalyse› heißt unvoreingenommene ‹Analyse der seelischen Erkrankung eines Menschen mit allen Mitteln einfühlender Psychologie bei sorgfältigster Beobachtung›. In dieser einfühlenden Psychologie und sorgfältigsten Beobachtung war Bonhoeffer wohl keiner überlegen. Aber er kam aus der Wernickeschen Schule, deren Orientierung sich immer am Gehirn vollzog und die Loslösung vom hirnpathologischen Denken nicht gestattete ... Das Intuitive war ihm nicht fremd, das beweist sein ganzes Lebenswerk. Aber es drängte ihn nicht, ins Reich des Dunklen, Unbeweisbaren, der kühnen, phantasievollen Deutungen vorzudringen, wo so viel zu behaupten und so wenig wirklich sicher zu beweisen ist ...»[5]

Dietrich Bonhoeffer hat sich mit Freud nie ausführlich befaßt, was sicher vor allem dem Einfluß des Vaters zuzuschreiben ist.

Karl Bonhoeffer war ein Mann von Autorität; sowohl in der Charité – der Berliner Universitäts-Klinik –, bei Assistenten und Studenten, als auch zu Hause. Er sprach leise und nicht sehr viel, doch was er sagte merkte man sich. Gelobt und getadelt wurde sparsam, aber mit Gewicht. Er wirkte beherrscht und erwartete das auch von seinen Kindern. Nüchternheit und Abgewogenheit zeichneten ihn aus. Phrasen waren ihm ein Greuel; man hatte sich sachlich, aber auch klar und möglichst kurz, ohne Umschweife auszudrücken. Die Kinder gewannen dadurch an Urteil, unterlagen aber sicher auch mancher Hemmung. Dietrich Bonhoeffer schreibt später: *Manche verderben sich selbst dadurch, daß sie sich mit Mittlerem abfinden und so vielleicht schneller zu Leistungen kommen; sie haben eben weniger Hemmungen zu überwinden. Ich habe es als einen der stärksten Erziehungsfaktoren in unserer Familie empfunden, daß man uns so viele Hemmungen zu überwinden gegeben hat (in bezug auf Sachlichkeit, Klarheit, Natürlichkeit, Takt, Einfachheit etc.), bevor wir zu eigenen Äußerungen gelangen konnten ... Und manchmal dauert es lange, ehe man eine solche Hürde genommen hat, und man denkt wohl auch gelegentlich, man hätte auf sehr viel billigere, leichtere Weise zu Erfolgen kommen können, wenn man diese Hindernisse einfach umgangen hätte ... Hinter das, was man sich selbständig erarbeitet hat, kann man aber nie mehr zurück. Das ist für andere und auch für einen selbst vielleicht manchmal unbequem, aber das sind dann eben die Unbequemlichkeiten der Bildung ...*[6]

Die Kinder sahen den Vater vor allem bei Tisch, wo es etwas feierlich zuging und sie nur, wenn sie gefragt wurden, etwas sagen durften. An den Wochenenden, bei Geburtstagen und Festen konnte er dann aber auch ganz für sie da sein.

Auf das, was er versprach, konnte man sich unbedingt verlassen. Seine Tageseinteilung hielt er selbst bei großer Belastung pünktlich ein. Er war immer mittags um zwei Uhr zum Essen zu Hause. Hielt er dann nachmittags im Haus Sprechstunde, wurde von den Kindern absolute Rücksichtnahme verlangt. Das Arbeitszimmer des Vaters war stets tabu und höchstens mit besonderer Erlaubnis der Mutter zu betreten. Karl Bonhoeffer war Schwabe. Aus Holland eingewandert (van den Boenhoff aus Nimwegen), waren die Bonhoeffers seit 1513 in Schwäbisch Hall

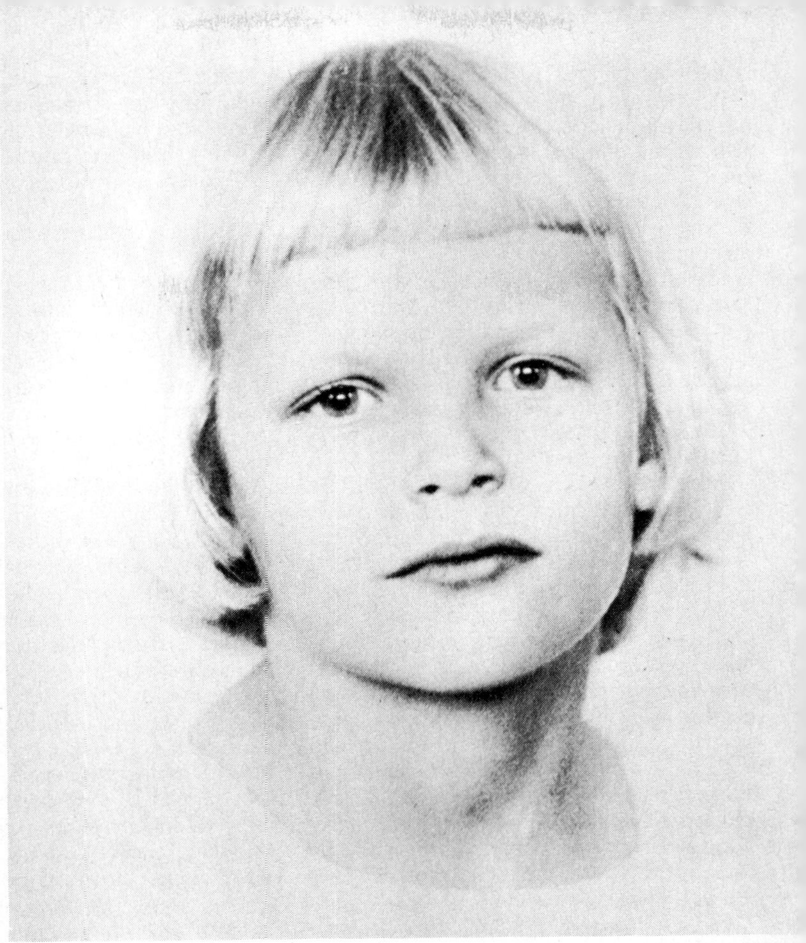

Dietrich, 1913

ansässig. In der Haller Kirche gibt es noch etliche Gedenksteine der Bonhoeffers. An einigen Häusern der Stadt findet man das Bonhoeffersche Wappen, wie es im Wappenbrief 1590 bestimmt war: ein Löwe, der eine Bohnenranke in der Tatze hält. Dietrich Bonhoeffer trug einen Siegelring mit diesem Wappen.

Erst Dietrich Bonhoeffers Großvater, Friedrich Bonhoeffer, hatte Schwäbisch Hall verlassen. Er war Landgerichtspräsident in Ulm geworden. Von großer Bescheidenheit und allem Auffälligen abhold, war er ein leidenschaftlicher Naturliebhaber und -kenner.

Friedrich Bonhoeffers Frau, Dietrichs Großmutter Julie geb. Tafel, spielte in Dietrichs Leben noch eine große Rolle. Sie starb erst 1936, fast 94 Jahre alt. Bei den Tafels, ebenfalls Schwaben, gab es ein revolutionäres Element. Als Burschenschaftler und Demokraten waren einige Tafels zeitweise aus Württemberg ausgewiesen worden. Swedenborgianer und Auswanderer gehörten zur Familie. Auch Julie war von kritischem Sinn und resolutem Charakter. Sie engagierte sich in der Frauenfrage. Hitler war ihr von Anfang an zuwider. Als am 1. April 1933 beim Boykott jüdischer Geschäfte SA-Wachposten vor dem Berliner Kaufhaus des Westens standen, ließ sie sich am Betreten des Geschäftes nicht hindern.

Dietrichs Mutter Paula, geb. von Hase, kam aus einer preußischen Familie. Ihr Vater, Karl-Alfred, war Hofprediger bei Wilhelm II. gewesen, gab dieses Amt allerdings nach einem Konflikt mit dem Kaiser auf. Er wurde dann Konsistorialrat und Professor für praktische Theologie. Sein Leben war stark bestimmt vom Vorbild seines Vaters, des bekannten Jenaer Kirchen- und Dogmengeschichtlers Karl-August von Hase. Pauline geb. Härtel, eine Tochter des Leipziger Musik-Verlegers, war Karl-Alfreds Mutter.

Die Mutter seiner Mutter, Clara geb. Gräfin Kalckreuth, hat Dietrich nicht mehr kennengelernt. Aber die Tradition der Kalckreuths war ein wichtiges Element in der Bonhoeffer-Familie. Clara war sehr musikalisch gewesen und hatte bei Franz Liszt und Clara Schumann Klavierstunde gehabt. Mehr noch als die Musik waren für die Kalckreuths die bildenden Künste bestimmend, nachdem Claras Vater Stanislaus den militärischen Beruf seiner Vorfahren mit der Malerei vertauscht hatte. Bilder von ihm kann man in der Münchener Pinakothek finden; Arbeiten seines Sohnes Leopold in der Hamburger Kunsthalle. Auch im Bonhoeffer-Haus hingen natürlich viele Bilder dieser beiden Kalckreuths, dazu ihrer Lehrer, Freunde und Schüler wie Lenbach und Achenbach.

Paula, lange Zeit das Jüngste der Hase-Kinder, war optimistisch und kontaktfreudig, lebhaft, voller Einfälle und dabei energisch; unlösbare Probleme gab es für sie kaum. Als Kind und junges Mädchen setzte sie sich zuweilen temperamentvoll über die damals übliche Etikette hinweg. Dazu gehörte, daß sie es erreicht hatte, das Lehrerinnen-Examen ablegen zu dürfen.

Die christliche Erziehung, die Paula erhalten hatte, war ihr wichtig, und sie gab sie auf ihre eigene Art weiter. Die Kirche spielte für sie keine große Rolle – das änderte sich allerdings später, als die Bekennende Kirche die einzige Institution war, die dem Hitler-Regime einen gewissen Widerstand entgegensetzte –, aber sie sorgte dafür, daß den Kindern Bibel und Kirchenlieder, die sie schätzte, bekannt wurden. Sie unterrichtete die älteren Kinder in den ersten Schuljahren selbst, zusammen mit gleichaltrigen Kindern von Bekannten aus der Nachbarschaft, die jüngeren hatten eine Hauslehrerin, aber den Religionsunterricht übernahm die Mutter.

Das Hauptziel der Erziehung lag darin, die Kinder zu verantwortlichen Menschen heranzubilden. Die Mutter sah hierin einen christlichen, der Vater einen humanistischen Wert. Die Maximen, die sich aus diesem Ziel ergaben, wurden natürlich nicht immer streng behauptet, aber sie galten bei Bonhoeffers ebenso selbstverständlich wie in den Häusern, mit denen man Umgang pflegte.

Die Großmutter: Julie Bonhoeffer, geb. Tafel (1842–1936)

So wurde sehr früh von den Geschwistern erwartet, immer die Gefühle und Bedürfnisse der anderen mit zu bedenken. Lob und Tadel bezogen sich fast ausschließlich auf diesen Bereich. Dies Bedenken-der-anderen wurde eine wichtige Komponente in Dietrich Bonhoeffers Theologie.

Diese Norm verlangte von den Kindern viel, aber sie gab ihnen auch Sicherheit. Ebenso wie man den anderen ernst nahm, wußte man sich selbst ernstgenommen und seine eigenen Belange beachtet. Allerdings riefen diese Maßstäbe manche, oft witzig geäußerte Kritik an anderen wach und konnten beim Heraustreten aus diesem Kreis in eine Welt, in der diese Maßstäbe nicht galten, auch Ängste erzeugen.

Die Eltern legten großen Wert darauf, daß die Kinder Bewegungsfreiheit hatten und sich jedes seinen Anlagen nach entfalten konnte. Zerrissene Kleider oder eingeschlagene Fensterscheiben spielten keine große Rolle. Die Kinder hatten reichlich Platz im Haus und außer der Mutter noch sorgfältig ausgesuchte Erzieherinnen, die sich darum bemühten, sie zu ihrem Recht kommen zu lassen. Die Mutter hatte viel Phantasie und arrangierte ebenso wie für die Erwachsenen auch für die

Kinder bewegte Feste und sorgte für immer neue Anregungen mit Spielen, Geschichten, Aufführungen und Ausflügen.

Jedes Kind bekam Unterricht in Klavier, Gesang, Geige oder Cello. Am Samstag gab es Hausmusikabende, wo man gemeinsam musizierte oder zuhörte, wenn ein Kind etwas neu gelernt hatte. Dietrich wurde schon früh ein guter Klavierspieler; als Begleiter seiner Mutter und Geschwister leistete er bald Erstaunliches, so daß er und seine Eltern, als er etwa vierzehn Jahre alt war, an eine Ausbildung zum Pianisten dachten. Auch als Erwachsener hat er sehr viel Klavier gespielt und mit Vorliebe Kammermusik gemacht, häufig zusammen mit seinem Schwager Rüdiger Schleicher und seinem Bruder Klaus, die Geige und Cello spielten. In den letzten Jahren, bevor er ins Gefängnis kam, entdeckte er mit Eberhard Bethge zusammen, den er beim Singen begleitete, die Hugo Wolf-Lieder, aber auch die geistlichen Gesänge von Heinrich Schütz. Sie brachten, gerade in den aufregenden Widerstands- und Kriegszeiten, zeitweise ein paar Stunden täglich mit dieser Musik zu, ja, mit der ganzen Familie wurden Schütz-Kantaten im Hause Schleicher eingeübt.

So großzügig das Haus Bonhoeffer auch geführt wurde, hütete man sich doch, die Kinder zu verwöhnen. Es wurde von ihnen erwartet, daß sie längere Strecken liefen, um den Groschen für die Straßenbahn zu sparen. Über ihr Taschengeld hatten die Kinder genau abzurechnen, wobei Klaus auf die Idee verfiel, Fehlendes unter «Almosen» aufzuführen.

Vom heutigen Standpunkt aus würde diese Erziehung wohl als «autoritär» gelten, denn gegen das Wort der Eltern gab es keinen Widerspruch. Für damalige Verhältnisse war sie eher liberal. Die Eltern versuchten, vom Kind her zu denken und ihm für Verzichte einen Ausgleich zu schaffen. Sie hatten Humor, sie konnten geflissentlich das Vergehen eines Kindes übersehen, erwarteten allerdings auch, daß das Kind eine kleine Ungerechtigkeit ohne Wehleidigkeit hinzunehmen imstande war. Dennoch war den Kindern deutlich, daß man sich gegen Ungerechtigkeiten zu wehren hatte, gleich ob es andere oder einen selbst betraf.

Die Maßstäbe, nach denen Bonhoeffer erzogen worden ist, bilden den Hintergrund seiner *Ethik*.

Berlin wurde und blieb für Bonhoeffer die bestimmende Stadt: das kaiserliche, das republikanische und das zögernd nationalsozialistisch gewordene Berlin; das liberale und das kirchliche, das konservative und das weltoffene Berlin mit seinen akademischen und proletarischen Bezirken, seinen Konzerthäusern und Museen; das Berlin der Straßenkämpfe und später das Berlin der Konspiration.

Vier Jahre wohnte die Familie in der Brückenallee, dicht beim Tiergarten. Dann wechselte sie in den Stadtteil Grunewald und bezog das Haus Wangenheimstraße 14, in dem die Bonhoeffers bis 1935 gelebt haben.

Hier war ein regelrechtes Professorenviertel entstanden. In der Nähe wohnte der Physiker Max Planck, der Theologe Adolf von Harnack, die Mediziner His und Hertwig, der Historiker Hans Delbrück.

Die Mutter: Paula Bonhoeffer, geb. von Hase. Weihnachten 1925

Klaus Bonhoeffer befreundete sich eng mit einem der Delbrück-Söhne, Justus, und heiratete später dessen Schwester Emmi.

Auch durch die neue Schule, das humanistische Grunewald-Gymnasium, entstanden für die Kinder neue Freundschaften wie die mit den Geschwistern Dohnanyi, die später zwei Bonhoeffer-Geschwister heirateten: Hans von Dohnanyi Christine und Grete von Dohnanyi Karl-Friedrich. Gerhard Leibholz, aus jüdischem Haus, der später Sabine heiratete, kam durch den Konfirmanden-Unterricht in diese Freundesrunde. Dietrich wuchs, obwohl er jünger war, bald in diesen Kreis hinein und blieb mit ihm auch später eng verbunden; ja, sein Schicksal wurde schließlich durch ihn bestimmt.

Als die Familie in die Wangenheimstraße zog, war bereits Krieg. Karl Bonhoeffer hat in seinen Lebenserinnerungen Eindrücke aus jenen Tagen beschrieben: «An einen kommenden Krieg glaubte man nicht recht, wenn auch die Einkreisung durch die Triple-Entente als unheimlich empfunden wurde. Ich erinnere mich allerdings aus dem Winter 1913/14 in einer Gesellschaft mit einigen Generalstäblern das beunruhigende Gefühl bekommen zu haben, daß man mit einer kriegerischen Ausein-

In Wölfelsgrund, 1910

andersetzung bald zu rechnen habe ... Als besonders eindrucksvoll aus jener erregten Zeit ist mir in Erinnerung der Abend am Tage der englischen Kriegserklärung, an dem wir mit den drei Jungen Unter den Linden waren. Die in den Tagen zuvor gesteigerte Mitteilsamkeit der auf den Straßen, vor dem Schloß und vor den Regierungsgebäuden sich bewegenden Menge war einer düsteren Schweigsamkeit gewichen, die ein außerordentlich bedrückendes Bild ergab.»[7]

In sein Silvestertagebuch trug Karl Bonhoeffer 1916 ein: «Wir stehen heute in Erwartung der ohne Zweifel ablehnenden Antwort der Entente. Ein Friedensvorschlag Amerikas, der sich dem unsrigen anschloß, wird mit Mißtrauen betrachtet, weil wir Einmischung Amerikas in etwaige Friedensverhandlungen fürchten bei der engen englisch-amerikanischen Verbindung ... Zu eigenem Urteil ist man bei der zensu-

Die Zwillinge Dietrich und Sabine, 1915

Im Professoren-Viertel Berlin-Grunewald: Wangenheimstr. 14

Das Wohnzimmer

Im Grunewald-Gymnasium, 1920/21. Vierter von rechts: Dietrich

rierten Presse nicht fähig, und was politisch geschieht, hat so häufig den Charakter der mangelnden organischen Notwendigkeit, daß man beunruhigt ist. Der dauernde Appell an den gutgläubigen Untertanenverstand, der nur zu retrospektiven Betrachtungen zugelassen ist, hat nichts Erhebendes.»[8]

Inzwischen waren Vettern der Bonhoeffer-Kinder gefallen oder schwer verwundet worden. 1917 rückten freiwillig die Brüder Karl-Friedrich und Walter ein. Am 23. April wurde Walter verwundet. Drei Stunden vor seinem Tod am 28. April diktierte er den letzten Brief im Feldlazarett: «Meine Lieben! Heute hatte ich die zweite Operation, die allerdings viel weniger angenehm verlief, weil tiefere Splitter entfernt wurden ... Meine Technik, an den Schmerzen vorbeizudenken, muß auch hier herhalten. Doch gibts jetzt in der Welt interessantere Sachen als meine Verwundung. Der Kemmelberg mit seinen möglichen Folgen und das uns heute als besetzt gemeldete Ypern gibt uns viel zu hoffen. An mein armes Regiment darf ich gar nicht denken. So schwer waren für es die letzten Tage. Wie mags den andern Fahnenjunkern gehen? Voll Sehnsucht denke ich an Euch alle, Ihr Lieben, Minute um Minute der langen Tage und Nächte Euer noch so weit entfernter Walter.»[9]

Die Mutter schien gebrochen; es dauerte lange, bis sie sich von diesem Schlag erholte. Zehn Jahre lang trug der Vater nichts mehr in sein Silversterbuch ein, das er bisher regelmäßig geführt hatte.

Der Tod des Bruders und der große Schmerz der Mutter haben den damals zwölfjährigen Dietrich tief beeindruckt.

Auch Klaus kam am Ende des Krieges als Siebzehnjähriger noch kurz in den Westen.

Daß die Kriegserlebnisse zu Dietrichs Entschluß, Pfarrer und Theologe zu werden, beitrugen, ist anzunehmen. Vielleicht hat auch die Tatsache, daß er damit ein ganz anderes Feld als die Brüder betrat, in dem er sich als Jüngster selbständig bewähren konnte, ihn bei der Berufswahl mitbestimmt. Der Entschluß wurde endgültig, als er zu Beginn der Unterprima Hebräisch als Wahlfach nahm. Er war jetzt fünfzehn Jahre alt.

Der Vater wollte ihn seinen eigenen Weg gehen lassen und verhielt sich zurückhaltend. Später schrieb er einmal an ihn: «Als Du Dich seinerzeit für die Theologie entschlossen hast, dachte ich manchmal im Stillen, daß ein stilles, unbewegtes Pastorendasein, wie ich es von meinen schwäbischen Onkeln kannte und wie es Mörike schildert, eigentlich doch fast zu schade für Dich wäre. Darin habe ich ja, was das Unbewegte anlangt, mich gröblich getäuscht. Daß eine solche Krise auch auf dem Gebiete des Kirchlichen noch möglich wäre, schien mir aus meiner naturwissenschaftlichen Erziehung heraus eigentlich ausgeschlossen.»[10] Die Mutter hat Dietrichs Entscheidung für den Beruf ihres eigenen Vaters und Großvaters sicherlich weniger negativ gegenübergestanden.

Der Reichtum an Begabungen und Interessen im großen Geschwisterkreis sorgte dafür, daß die Berufswahl bei Dietrich zu keiner Horizontverengung führte, wie man sie Theologen gern nachsagt. Bei dem ungewöhnlich engen Kontakt mit Geschwistern und Schwägern wußte er immer viel von den Welten, in denen diese lebten. Die informierenden Gespräche rissen nicht ab, auch als Dietrich sich später jahrelang mit aller Energie seiner Kirche widmete.

Die drei Brüder waren naturwissenschaftlich interessiert. Karl-Friedrich, Agnostiker, später Professor der Physik und weltweit anerkannt auf dem Gebiet der Chemie des Wasserstoffs und der Reaktionskinetik, war von besonders sensibler Warmherzigkeit. Ihm gegenüber äußerte sich Dietrich später häufig über seinen kirchlichen Weg; deshalb sind die Geburtstagsbriefe an ihn wichtige biographische Quellen. Klaus, das diffizilste, amüsanteste und nach dem Urteil des Vaters auch begabteste der acht Kinder, hatte eigentlich Mediziner werden wollen, wurde dann aber Jurist. Mit ihm reiste Dietrich viel und gern, weil er einen Spürsinn für exotische Winkel und Läden besaß. Walter hatte den Wald und die Tiere genau gekannt, er hatte aber auch erstaunliche Gedichte gemacht. Nach seinem Tod bekam Dietrich Walters Konfirmationsbibel; sie blieb seine Meditationsbibel bis zum Ende. Ursula trieb Sozialpädagogik bei Anna von Gierke; von ihrem Mann, Rüdiger Schleicher, der Jurist war, ließ Dietrich sich gern zu lebhaften philosophischen und theologischen Gesprächen fordern, außerdem liebte er die englische Konversation mit ihm. Christine widmete sich der Biologie; ihr Mann, Hans von Dohnanyi, wurde Dietrichs intensivster Informant über die politische und dann konspirative Welt. Die Zwillingsschwester Sabine ließ ihr Talent zum Modellieren ausbilden; mit ihrem Mann, dem

Staatsrechtler Gerhard Leibholz, entstand später eine immer engere Verbindung; auf diesen ging dann im Exil Dietrichs Freundschaft zum Bischof von Chichester, George Bell, über.[11] Die Jüngste, Susanne, teilte Dietrichs kirchlich-theologische Interessen, sie half ihm bei der Kindergottesdienstarbeit in Grunewald; ihr späterer Mann, Walter Dreß, war mit Dietrich Promovent an der Berliner Fakultät, und zwar als Kirchengeschichtler.

So erweiterte sich das breite Spektrum von Anregungen und Möglichkeiten, das schon die Kinderzeit und die Jugend bestimmt hatte. Die Lust an kindlichen Aufführungen – Dietrich hatte selbst ein Stück nach Wilhelm Hauffs Märchen «Das kalte Herz» erdacht – verwandelte sich in die Pflicht, den Geschwistern zu ihren Hochzeiten ein Polterabendstück zu inszenieren. Die früh gepflegte Leidenschaft des Schachspiels half Dietrich in der Gefängniszelle, die Zeit mit Schachtheorie zu füllen.

Man las viel in der Familie. Den älteren Geschwistern folgend nahm sich Dietrich früh die Klassiker vor – ehe sie ihm durch einen Schulbetrieb verleidet werden konnten. Im Tegeler Gefängnis kehrte er in die Welt des 19. Jahrhunderts zurück, wie seine Familie sie liebte, und schrieb: *Ich lebe mit meiner Lektüre jetzt ganz im 19. Jahrhundert. Gotthelf, Stifter, Immermann, Fontane, Keller habe ich in diesen Monaten mit reiner Bewunderung gelesen. Eine Zeit, in der man ein so klares, einfaches Deutsch schreiben konnte, muß im Grunde eine sehr gesunde Substanz gehabt haben. Bei den zartesten Dingen wird man nicht sentimental, bei den kräftigsten nicht frivol, bei der Aussprache von Überzeugungen nicht pathetisch, keine übertriebene Simplifizierung und Komplizierung in Sprache und Gegenstand; kurz, das alles ist mir äußerst sympathisch.*[12]

Als Primaner griff er aber auch – angeregt durch die älteren Brüder und den Schwager Rüdiger Schleicher – schon zu Friedrich Naumann und Max Weber. Naumanns Analyse ließ für immer einen Stachel zurück: «Viele sind praktisch mit der rechten Hand Kaufleute und mit der linken Hand Wohltäter der Armen . . . Alle Stimmungen des Evangeliums schweben nur wie ferne, weiße Sehnsuchtswolken über allem wirklichen Tun unserer Zeit.»[13] Gegen diese saubere Trennung eines relevanten von einem irrelevanten Raum – Welt und Evangelium – würde er sich einmal leidenschaftlich auflehnen.

Theologische Probleme regten ihn noch nicht sonderlich auf. Immerhin besaß und las er schon als Primaner Schleiermachers «Reden über die Religion» und Eduard Meyers «Ursprünge und Anfänge des Christentums». Zum Abitur schrieb er noch recht unberührt von solcher Literatur eine freiwillige Arbeit über das Thema «Catull und Horaz als Lyriker».

Tübinger Kommilitonen von 1923/24 beschreiben ihren Bundesbruder in der Verbindung «Igel» so: gewandtes, sicheres Auftreten; stürmisches Temperament, weltoffen, aufgelegt zu Neckereien, von scharfer Kritik, die er aber auch selbst vertrug.

Der erste Schritt in die Selbständigkeit, entfernt vom alles normierenden Elternhaus, schien beinah problemlos. Die Begierde nach dem neuen Lebens- und Lern-Bereich übertraf die Ängstlichkeit vor den neuen Anforderungen.

Wöchentlich gingen jedoch Briefe hin und her. Jede Überlegung über Vorlesungsauswahl, über Bucheinkäufe (bei der galoppierenden Inflation allerdings ein brennendes Problem), über den Eintritt in die Verbindung, über die lächerlichsten Anschaffungen – alles wurde berichtet, abgerechnet und Zustimmung erbeten. Nur ein Entschluß, eine Übung der «Schwarzen Reichswehr» in Ulm mitzumachen, wurde blitzschnell gefaßt und nachträglich die Billigung mit allerhand Rechtfertigungen eingeholt.

Aber wie er die Berufswahl frei getroffen hatte, so ordnete Dietrich Bonhoeffer auch das Studium selbständig. *Die Vorlesungen sind fast alle dieses Semester besonders verlockend auf meinem Gebiet, so daß ich fast den ganzen Tag im Kolleg sitze.*[14]

Dietrich Bonhoeffers Beginn in Tübingen trug zunächst ganz die Züge des akademischen Theologiestudiums, kaum die eines kirchlichen Engagements. Die Eltern dachten wahrscheinlich, daß das auch so bleiben würde. Mit der Unbefangenheit eines Studenten im ersten Semester belegte er viel Philosophie. Der 1923 mit erkenntnistheoretischen Problemen befaßte Philosoph Karl Groos war der einzige Dozent, bei dem Bonhoeffer in beiden Tübinger Semestern arbeitete. Das tat er weder bei Karl Heim noch bei Adolf Schlatter, den damals bekanntesten Theologen in Tübingen. Bei Groos aber übernahm der Siebzehnjährige gleich ein Referat über Kants «Kritik der reinen Vernunft». Freilich, auch Schlatter zog ihn an; er ist sogar für Bonhoeffer neben Luther der meist benutzte Exeget geworden. In Karl Heim, der ihm die erste fachliche Einführung in Schleiermachers Reden über die Religion gegeben hat, sah er allerdings später einen Dogmatiker, dem er immer kritischer gegenübertrat. Während der Tübinger Zeit las der Student noch nichts von Karl Barth, was ihn gereizt hätte. Und dies, obwohl gerade 1923 die ganze theologische Zunft einen scharfen Briefwechsel zwischen dem jungen Göttinger Dozenten Karl Barth und dem Berliner Nestor Adolf von Harnack in der «Christlichen Welt» über die jeweils vom andern zu verantwortende böse Zukunft von Theologie und Kirche diskutierte. Bonhoeffer trieb unterdessen Religionsgeschichte und lernte die textkritische Methode der Tübinger Exegeten. Außerdem belegte er «Allgemeines» wie «Die Formen in Beethovens Symphonien» und debattierte mit seinen Bundesbrüdern über Sozialpolitik.

Der «Igel» war eine schwäbische Verbindung, 1871 gegründet, liberal gesonnen, bismarckisch orientiert – damals eine Möglichkeit. Das Haus der Verbindung liegt auf der Höhe über dem Neckar gleich hinter

Student in Tübingen

der Burg. Im Gegensatz zum Gehabe älterer, farbentragender, schlagender Verbindungen trug man das widerborstige Igelfell auf dem Kopf. Aber auch der Igel unterlag eines Tages gewissen Ehrenkodices, und 1933 übernahm er wie alle den antisemitischen Arierparagraphen in seine Satzung – da trat Dietrich Bonhoeffer aus. Seine älteren Brüder hatten sich nicht entschließen können, dieser Gemeinschaft beizutreten, obwohl Vater und Onkel ihr angehörten. (Übrigens auch Rudolf Bultmann.) Karl-Friedrich hatte 1919 protestiert, als man die Verbindungsstudenten unter nationalistische Pression setzte und an der Niederwerfung von Aufständen in Stuttgart und München beteiligte. Dietrich aber – zu dieser Zeit weniger links orientiert als seine Brüder – brauchte damals die Gemeinschaft gleichaltriger Männer, welche die Älteren als Soldaten erlebt hatten. Hier fand er sie. Im «Igel» galt damals soziale Betätigung, Diskussion um Friedrich Naumann und Ferienarbeit im Ruhrgebiet etwas. *Mir haben die Leute eigentlich ganz gut gefallen*[15], schrieb er nach Hause. Zum erstenmal hatte er einen Freundeskreis jenseits der familiären Kontakte gefunden. Merkwürdig rasch war die «Igel»-Zeit für ihn dann auch wieder gänzlich versunken.

Von einer Episode, die ihm die «Igel»-Mitgliedschaft eingebracht hatte, sprach er später manchmal: nämlich von den zwei Wochen Soldatenzeit bei den Ulmer Jägern. 1923 rüstete man sich rechts wie links

Adolf von Harnack

für eventuelle Auseinandersetzungen, besonders an den Ostgrenzen; in den Ländern horteten Verbände, vor allem verfassungsfeindliche, Waffenbestände. Es war die Zeit von Ludendorffs und Hitlers Putsch. In Sachsen gab es kommunistische Unruhen. Nun fürchtete man nach dem französischen Einmarsch in das Ruhrgebiet Einfälle aus dem Osten. Die Reichsregierung traf mit der Leitung des Hunderttausend-Mann-Heeres Vorbereitungen; Wehrkreisbefehlshaber billigten eine illegale Ausbildung von Studenten in Kurzübungen, noch ehe die alliierte Kontrollkommission diese Übungen schärfer überwachen bzw. unterbinden würde. So verließen auch viele Tübinger die Hörsäle für einige Wochen. Dietrich schrieb: *Zuerst sagte ich, ich könne es unmöglich mitmachen und würde es irgendwann in den Ferien tun. Als ich aber erfuhr, daß vom 1. Dezember an Kontrollkommissionen der Entente die Ausbildung überwachen sollten, überlegte ich mir die Sache doch ... ich glaube ... jetzt ... daß es je eher, je besser ist, daß man die Sache hinter sich bringt, um für kritische Lagen ein gesichertes Gefühl zu haben, mithelfen zu können.*[16] Befriedigung verschaffte es ihm, daß er Dienst und rauhe Umstände mühelos bewältigte; Beunruhigung allerdings, was er beobachtete: *Die Reichswehrmannschaften machen im Ganzen einen guten Eindruck, sind fast alle allerdings stark reaktionär ... Alles wartet dort nur auf den Augenblick, wo Ludendorff mit besserer* (d. h. als bei Hitlers Putsch vom 9. November 1923), *d. h. Reichswehrunterstützung die Sache rausreißen wird; das reine Gegenteil zu den Leuten hier auf dem Haus* («Igel»-Haus), *die den Ludendorff sämtlich umbringen wollen.*[17] Zu dieser Zeit, 1923, lasen er und die Brüder im Friedrichsbrunner Ferienhaus (im Ostharz) den «Vorwärts», das sozialdemokratische Berliner Blatt.

Das Ulmer Intermezzo sollte die einzige militärische Erfahrung in Uniform bleiben, die Bonhoeffer gemacht hat.

Nachwirkender als das ganze Tübinger Jahr scheint für Bonhoeffer das anschließende kurze Zwischensemester in Rom geworden zu sein. Plötzlich schob sich das Phänomen der Kirche in sein Gesichtsfeld.

Nach einem fatalen Sturz beim Eislauf hatten ihm die Eltern eine Reise nach Rom zum achtzehnten Geburtstag geschenkt. Rom war für Bonhoeffer nicht nur die Stadt der Lateinstunden im humanistischen Gymnasium, sondern vielmehr die des berühmten Urgroßvaters Carl von Hase, der dort mit Gregorovius, Hildebrand und Thorvaldsen umgegangen war, aber auch mit den oppositionellen Kardinälen und Erzbischöfen des Ersten Vatikanischen Konzils von 1869/70. *Den Baedeker kannte ich bei Antritt der Reise auswendig*, notierte er im Tagebuch. Bei dem Ostererlebnis im Petersdom wurde ihm der nationale, provinzielle und auch kleinbürgerliche Rahmen der eigenen Kirche bewußt. Zwar fand er dann die Audienz beim Papst enttäuschend, aber die Universalität der Kirche war ihm zum erstenmal vor Augen getreten. Das hinderte ihn nicht, sich mit protestantischer Kritik am katholischen Dogma mit einem Priester kräftig zu streiten: ... *er möchte mich gern bekehren ... So bringt er es am wenigsten zustande.* Dennoch steht im Tagebuch: *Ich fange an, glaube ich, den Begriff Kirche zu verstehen.*

Damals hat sich in Bonhoeffer eine kritische Liebe zur großen Schwesterkirche entzündet. Die eigenständige theologische Arbeit hat er in der Dissertation (*Sanctorum Communio*) dann auch mit dem Problem der Kirche begonnen; nicht mit abstrakten Erkenntnisproblemen als solchen, sondern mit jenem konkreten Phänomen als einer sowohl soziologischen wie theologischen Größe. Als der Freund Eberhard Bethge 1944 in Uniform durch Rom streifte, überschüttete ihn Bonhoeffer aus der Zelle nicht so sehr mit Ratschlägen für das antike als vielmehr für das katholische Rom.

Im Juni 1924 kam Bonhoeffer nach Berlin zurück; gerade rechtzeitig, um noch für ein gültiges Semester an der heimatlichen Universität eingeschrieben zu werden. An ihrer als liberal bekannten theologischen Fakultät, an der Professoren weltweiten wissenschaftlichen Ruhmes lehrten, verbrachte er den Rest seines Studiums. Aber gerade hier begann auch ein neues Engagement, das ihn kritisch werden ließ gegen seine großen Lehrer: Harnack, Karl Holl, den anerkannten Luther-Forscher, Reinhold Seeberg, seinen künftigen Doktorvater. Im Winter 1924/25 machte er nämlich die theologische Entdeckung seines Lebens: die des gerade von Göttingen nach Münster übersiedelnden Karl Barth. Die Begegnung blieb zwar noch lange rein literarisch – es dauerte Jahre, bis Bonhoeffer die persönliche Bekanntschaft suchte –, aber sie setzte dem Schweifen der ersten Semester ein Ende; eine neue Bestimmtheit auf die in der Kirche bezeugte Offenbarung steuerte sein Studium. Leidenschaftlich begann er nun nach ihrer konkreten Gestalt zu fragen.

Dennoch ließ er sich die Interessen noch nicht einengen. So belegte er bei nichttheologischen, später durch Hitler vertriebenen Größen Berlins: Erkenntnistheorie bei Heinrich Maier, Gestalttheorie bei Wolfgang Köhler und Psychologie bei Max Wertheimer. Auch Adolf von Harnack blieb er treu, solange dieser nach seiner Emeritierung noch Arbeitsgemeinschaften mit Auserwählten abhielt. 1925 begann er bereits die Doktorarbeit. Er schloß sie ab, als er auch das erste theologische Examen bei seiner Kirche ablegte, mit 21 Jahren.

Außerdem genoß er die Ausstellungen Berlins, die Philharmonie, die Singakademie. Interessiert erlebte er mit, wie sein ältester Bruder bei Laue, Nernst, Einstein und Planck arbeitete und wie sich diesem die internationale Welt der Wissenschaft in Ost und West öffnete. Von den politischen Auseinandersetzungen der zwanziger Jahre wurde der Student weniger berührt. Über Marx und über die Arbeiterbewegung ließ er sich nur am Rande unterrichten. Zwar arbeitete er in seine Doktorarbeit auch einen Abschnitt über das «Proletariat» ein, ließ ihn sich aber von Seeberg für die Drucklegung wegstreichen.[18] Mit dem Expressionismus setzte er sich kaum auseinander. Überrascht hörte er zu, wie ihm der Kommilitone Helmut Rößler Gedichte von Franz Werfel vortrug. Er hatte sie nicht gekannt. Ebenso wie andere Theologen jener Jahre hatte auch Bonhoeffer keinerlei Kontakt zu den großen jüdischen Denkern: Rosenzweig, Buber, Baeck. Auch Karl Heim, der sich dem Huberschen Werk vor der nationalsozialistischen Zeit weit geöffnet hatte (allerdings die entsprechenden Hinweise in Neuauflagen seines Werkes 1934 sorgsam herauskorrigierte!), hatte es nicht vermocht, hier eine Brückenfunktion auszuüben.

Ein Theologiestudent mußte zum ersten Examen einige kirchliche Tätigkeit nachweisen. Bonhoeffer übernahm in den letzten Semestern einen Kindergottesdienst in der Grunewaldkirche. Der Umgang mit den Kindern bereitete ihm die größte Freude. Er lud Gruppen zu sich ins Haus, machte mit ihnen Ausflüge, Spiele; er begann für einzelne zu sorgen. Später bildete er Diskussionsgruppen mit den Älteren. Dabei machte er die ihn zuweilen erschreckende Erfahrung, in welcher Weise er Menschen an sich zu binden vermochte. Das wurde ihm unheimlich.

Wenn Bonhoeffer etwas in seinem Leben zu schaffen gemacht hat, dann die Erfahrung seines schnellen Einflusses, seiner Macht über Menschen. In diesem Bereich wurzelte das, wovor er sich bis in die Gefängniszeit fürchtete und was er mit dem alten geistlichen Begriff seine «Anfechtung», die «acedia» (Luthers stechende Todestraurigkeit) bezeichnete: der lauernde Überdruß an sich selbst.[19] Dieser Überdruß – wir werden ihm noch manchmal begegnen – entstand bei ihm nicht aus seinen Schwächen, sondern aus seinen Stärken.

Gerade jetzt, als der akademische Weg offenstand, begann ihn der Weg zur Kanzel mehr zu reizen als der zum Katheder. Bonhoeffer entschied

Karl Barth

sich für die kirchliche Ausbildung. Diese begann mit der Vikarausbildung in einer Gemeinde und führte nach zwei Jahren und einer zweiten kirchlichen Prüfung zur Ordination. Sie versetzte ihn nicht nur in ein völlig ungewohntes Milieu, sondern weckte auch den für Bonhoeffer so charakteristischen Appetit auf praktische Bewährung. Plötzlich war er nicht mehr nur für sich selbst und für seinen privaten Umkreis, sondern für fremde Menschen und für sein Tun und Sprechen innerhalb dieser – immer noch kleinen – Öffentlichkeit verantwortlich.

Vom Februar 1928 an war er Vikar in der kaufmännisch bestimmten Auslandsgemeinde Barcelona, der großen spanischen Hafenstadt. *Man bekommt* hier *mit den merkwürdigsten Leuten zu tun, mit denen man sonst so leicht wohl nicht ein Wort gewechselt hätte: Weltenbummler, Vagabunden, geflüchtete Verbrecher, viele Fremdenlegionäre, Löwen- und sonstige Tier-Bändiger, die dem Zirkus Krone auf seiner Spanienreise durchgebrannt sind, deutsche Tänzerinnen auf hiesigen Varietébühnen, deutsche verfolgte Fememörder ... Dauernd haben wir mit*

Heimschaffungen von Deutschen zu tun und wissen doch, daß es zu Haus auch nicht besser ist.

Dietrich Bonhoeffer widmete sich dem Vereinsleben der deutschen Kolonie, dem Gesangverein, dem Tennisklub. Die Hausbesuche bei den Gemeindeverantwortlichen fand er *recht gemütlich, nur daß die Unterhaltungen völlig anders verlaufen, als man es bei uns gewohnt ist. Ich habe, seit ich hier bin, noch keine Unterhaltung im Stile Berlin-Grunewald geführt* (Tagebuch). Daß er den Weisungen eines durchschnittlichen Pfarrers unterworfen und auf schnell zufriedenzustellende Kreise von Alten und Jungen angewiesen war, konnte seinen Eifer, neue Gruppen zu organisieren, keineswegs beeinträchtigen. Mit dem Pfarrer, dessen Hauptlektüre *nationalistische Literatur und Presse* war, kam er – wie es in seinem Tagebuch heißt – *gut aus; unter dem Gesichtspunkt, daß ich nur ein Jahr blieb, ließ ich vieles zu, wo ich mich sonst gewehrt hätte ... Wir haben uns das ganze Jahr hindurch nie über eine theologische, geschweige religiöse Frage unterhalten. Wir blieben uns imgrunde fremd, aber hatten uns gegenseitig gern. Er hatte mir alle Freiheit gelassen und dafür bin ich ihm dankbar.* Dem Stierkampf und seinem Ritus gewann er mehr ab als der Begegnung mit dem spanischen katholischen Klerus: ... *erschreckend unkultivierte Gesichter – ein merkwürdiges Gegenbild zu Rom. Ich glaube, daß hier wirklich einmal das dumme Schlagwort von der Volksverdummung durch die Religion eine gewisse Berechtigung hat.*[20]

Ohne sich damit den Weg ins Pfarramt abzuschneiden, kehrte Bonhoeffer im Frühjahr 1929 erst einmal wieder in die akademische Welt seiner Berliner Fakultät zurück. *Ich merke, daß es mich nicht sehr lange bei der Wissenschaft halten wird. Aber ich halte freilich eine möglichst gründliche wissenschaftliche Vorbildung für überaus wichtig.* Die Voraussetzung für die eventuelle Dozentenlaufbahn, die Habilitation, wollte er erst noch erfüllen. In der für ihn charakteristischen Konzentration auf das selbstgewählte Ziel bewältigte er sie in kürzester Frist. Am 31. Juli 1930 hielt er seine Antrittsvorlesung unter dem anspruchsvollen Thema: *Die Frage nach dem Menschen in der gegenwärtigen Philosophie und Theologie.*[21] Der Habilitationsarbeit *Akt und Sein* erging es als Buch ebenso wie der Doktorarbeit: Bonhoeffer schlug sich angesichts der sich verschärfenden Wirtschaftskrise mit Druckkostenzuschüssen herum, und dann blieb die Schrift fast ohne Echo. Neben der Habilitation bereitete er den Abschluß der kirchlichen Ausbildung vor und legte die zweite Prüfung bei der Berlin-Brandenburgischen Provinzialkirche ab. Damit erlangte er die Berechtigung zur Ordination, auf die er aber bis zur Erreichung des «kanonischen» Alters noch anderthalb Jahre warten mußte. Das legte die Entscheidung nahe, ein Studienjahr im Ausland einzuschieben. Um diese Zeit bahnten sich in Deutschland bereits entscheidende Änderungen an: Stresemann, von rechts als «Erfüllungspolitiker» beschimpft, starb 1929; die New Yorker Börse brach zusammen; Joseph Goebbels wurde Gauleiter der NSDAP Berlins; Brüning übernahm 1930 das Reichskanzleramt, die Zeit der Notverordnungen begann. Erik Peterson, der zur katholischen Kirche übergetreten war, schrieb an Harnack: «Geistig-soziologisch korrespondiert die Evangelische Kirche ungefähr dem geistigen und soziologischen Status der Deutschnationalen Volkspartei.»[22] Bonhoeffer hielt immer noch Distanz zum Tagesgeschehen, allerdings suchte er jetzt Kontakt zu Barths Freund Günther Dehn, damals Pfarrer in Moabit, der durch seine Mitgliedschaft in der SPD der Kirche manche Not bereitete. *Fendt und Dehn sind fast die einzigen, die ich wirklich hören kann.*[23] Zu Hause bei Bonhoeffers las man die demokratische «Vossische Zeitung».

Jetzt begann Bonhoeffers enge und folgenreiche Freundschaft mit dem etwas jüngeren Doktoranden Franz Hildebrandt, der halbjüdischer Herkunft war und über das Lutherische «Est» arbeitete. Was sie verband waren nicht politische Aktivitäten, obwohl sie ähnlich gegen rechts reagierten; beide beherrschte ein unersättlicher Drang, die Heilige Schrift, und zwar durch Luther, tiefer zu verstehen, und ihre Unzufriedenheit mit der Fakultät.

Sorgfältig bereitete Dietrich Bonhoeffer sich auf das Studienjahr in Amerika vor, indem er Quellen über alliierte Propaganda gegen Deutschland im Ersten Weltkrieg und über die Kriegsschuldsätze des berühmten Artikels 231 des Versailler Vertrages zusammenstellte. Benutzt hat er dieses Material jedoch nicht, denn er begegnete drüben einer überraschend freundlichen Haltung gegenüber Deutschland und stieß zum erstenmal auf einen bemerkenswerten christlichen Pazifismus.

Die Aufenthalte in Rom und Barcelona waren noch motiviert und erfüllt vom Bildungshunger. Das nun folgende New York-Erlebnis enthält zum erstenmal das Element des Ökumenischen.

Dietrich Bonhoeffers Berliner kirchlicher Vorgesetzter, Superintendent Max Diestel, war ein Vorkämpfer des «Weltbundes für Freundschaftsarbeit der Kirchen» (abgekürzt meist «World Alliance»), einem stark humanistisch und amerikanisch bestimmten Zweig der jungen protestantischen ökumenischen Bewegung. Diestel veranlaßte Bonhoeffer, ein Stipendium für ein Jahr an dem berühmten Union Theological Seminary anzunehmen. Dort lehrten Reinhold Niebuhr und viele Gründungsmitglieder der großen ökumenischen Bünde. Bonhoeffer stellte sich dem Abenteuer mit gemischten Gefühlen, die sich aus Neugier und deutsch-theologischem Hochmut gegenüber der ethisch statt theologisch bestimmten Seminarwelt in den USA zusammensetzten. Schockiert berichtete er, Studenten hätten offen herausgelacht bei einem Zitat über Sünde und Vergebung aus Luthers berühmter Schrift «De servo arbitrio»; sie fanden das komisch. Mit Leidenschaft kämpfte er für die Traditionslinie Paulus, Luther, Kierkegaard, Barth. In einem Vortrag sagte er: *Ich muß bekennen, daß die einzig mögliche Weise, durch die Sie in wirklichen Kontakt mit seinem* [Barths] *Denken kommen können, mir darin zu liegen scheint, daß Sie zumindest diese eine Stunde lang alles vergessen, was Sie ... zuvor gelernt haben.*

Aber auch er war begierig zu lernen: von der weltoffenen, aktivistischen protestantischen Bewegung des «social gospel», von William James' und John Deweys Behaviorismus, von den Problemen der Prohibition und der Depression. Besonders wichtig blieb ihm die Begegnung mit dem

New York, 1930

Negerproblem in Harlem, unmittelbar vor den Mauern des Union Seminary.

Angesichts der ganzen Stimmung in der gegenwärtigen Negerliteratur scheint mir die Rassenfrage an einem Wendepunkt angekommen. Der Versuch, den Konflikt religiös oder ethisch zu bewältigen, wird sich in eine gewaltsame politische Konfrontation verwandeln, schrieb er schon 1930.

Auch das Phänomen des amerikanischen kirchlichen Pazifismus, den ein normaler deutscher Lutheraner damals verachtete, beeindruckte ihn sehr. Vermittelnd und vertiefend wirkte dabei Jean Lasserre, ein Mitstipendiat aus Frankreich, mit dem er sich angefreundet hatte. Dieser verband eine respektable europäische Theologie mit dem einfachen Gehorsam gegen das Friedensgebot der Bergpredigt. Bonhoeffer begann nun, an der traditionellen lutherischen Trennung der Reiche des Glaubens und des Politischen zu rütteln. Das wurde ein theologischer und existentieller Kampf, der ihn über viele Stufen führte und mit der Beteiligung an der Konspiration gegen Hitler endete.

In Barcelona hatte Bonhoeffer schon einmal geplant, vor der Heimkehr eine Reise nach Indien zu machen. Damals war es ihm vor allem darum gegangen, asiatische Frömmigkeit zu erleben. Nun träumte er zum zweitenmal diesen Traum: Jetzt wollte er das politisch-pazifistische Konzept Gandhis an Ort und Stelle studieren. Wieder wurde nichts daraus – wie auch beim dritten Versuch 1935 von London aus. Aber der wiederholte Traum spielte eine bedeutende Rolle in Bonhoeffers Entwicklung. Seine Kollegen daheim, auch Barth, haben das nie recht verstanden. Vielleicht ist das Wesen dieses Versuchs erst am Lebensende deutlich geworden: Es war der Wunsch, das Christentum der eigenen Tradition am Gegenüber ganz anderer Lebens- und Denkwelten zu erfahren und es dann neu auszusagen.

Die Rückkehr aus den USA bedeutete das Ende des unverbindlichen Studierens, Schreibens und Beobachtens. Der Theologe war politischer geworden. In der Heimat hatten während seiner Abwesenheit die Nationalsozialisten ihren ersten erdrutschartigen Wahlzuwachs gewonnen. In New York ließ er den amerikanischen Freund Paul Lehmann zurück, der zu einem wichtigen Zeitpunkt (1939) noch einmal versuchen sollte, Bonhoeffers Lebensweg von Deutschland abzulenken.

Mitglieder des Union Theological Seminary. Von links nach rechts: Bonhoeffer, Klemm, Marion Lehmann, Paul Lehmann, Erwin Sutz. New York, 1931

Der Fünfundzwanzigjährige trat als Privatdozent 1931 in öffentliche Verantwortung ein. 1936 wurde ihm das akademische Amt durch den nationalsozialistischen Kultusminister wieder abgenommen. Als von seiner Kirche nun Ordinierter übernahm er gleichzeitig ein Studentenpfarramt und ein Hilfspredigeramt seiner Provinzialkirche; als Mitarbeiter bekleidete er Ämter in der jüngsten Weltbewegung der neueren Kirchengeschichte, in der Ökumene, von der er sich als Student noch hochmütig distanziert hatte. (Nathan Söderblom hatte 1925 die Weltkonferenz des Rates für praktisches Christentum, Life and Work, in Stockholm versammelt, an der gerade Berliner Professoren führend beteiligt waren. Bonhoeffer hatte das damals theologisch für ein völlig ungenügendes Unternehmen gehalten.)

So übernahm Bonhoeffer ein Maß an Pflichten, das selbst seine Kräfte überfordert haben muß: Dozieren, Vorlesungen konzipieren, predigen, Konfirmanden unterrichten, reisen und internationale Konferenzen organisieren. Tatsächlich stellt dieser Eintritt in den Beruf 1931 einen tiefen Einschnitt in seinem Leben dar. Seine Fragen änderten sich: sie kreisten jetzt um die geistliche und ethische Ermächtigung der Kirche. Er hat nun mit vielen Menschen zu tun, und auf Konferenzen drängt er sie, lieber zu schweigen als unqualifizierte Beschlüsse zu fassen. Und er hat auch mit sich selbst zu tun. Theologisch sucht er das Problem der Bevollmächtigung und das seiner eigenen Macht zu bewältigen, indem er immer stärker einen machtvollen, unbedingt herrschenden Christus in den Mittelpunkt alles Tuns und Denkens rückt.

Ehe die Arbeit in Berlin begann, verschaffte er sich noch ein Erlebnis, an dem ihm lag und das er immer hinausgeschoben hatte – vielleicht aus Scheu, die eigenen inneren Prozesse durch Begegnung mit sehr starken Persönlichkeiten zu beeinträchtigen: Er fuhr nach Bonn, um während der letzten Sommersemesterwochen Karl Barth zu hören. Der Mitstipendiat in New York, der Schweizer Erwin Sutz, hatte ihn eingeführt. Diesem berichtete er: *Ich habe, glaube ich, selten eine unterlassene Sache in meiner theologischen Vergangenheit so bereut, wie daß ich nicht früher hingegangen bin. Nun sind es nur drei Wochen, die ich hier sein kann, Vorlesungen, Seminar, Societät, offener Abend und nun gestern ein paar Stunden zum Mittagessen bei Barth ... es ist doch wichtig und in schönster Weise überraschend zu sehen, daß Barth noch jenseits seiner Bücher steht. Es ist da eine Offenheit, Bereitschaft für den Einwand, der auch auf die Sache zielen soll, und dabei eine derartige Konzentration und ein ungestümes Drängen auf die Sache, der zuliebe man stolz oder bescheiden, rechthaberisch oder völlig unsicher reden kann ... Mehr noch als von seinem Schreiben und Vortragen bin ich von seiner Diskussion beeindruckt. Da ist er wirklich ganz da. Ich habe so etwas vorher nie gesehen noch für möglich gehalten.*[24]

Dies war der Beginn einer Reihe intensiver Begegnungen, die in Berlin oder auf dem Bergli, Barths Feriensitz, stattfanden. Dort wurde einerseits theologisch gestritten, andererseits kirchenpolitisch und politisch kooperiert; vor allem bei Barths Kampf für seinen Freund Günther Dehn, der nach einer Friedensrede am Barlachschen Kriegerdenkmal im Magdeburger Dom als «vaterlandsloser Mann» in wachsende Schwierigkeit bei Studenten und Kirchenleitungen geriet.[25] 1932 ließ Bonhoeffer seine Beziehungen spielen, um Barth auf den freigewordenen Lehrstuhl von Arthur Titius nach Berlin zu bekommen – vergeblich. «Ich höre, daß Sie sich meinetwegen exponiert haben dort», schrieb Barth, «ich würde ohne Zweifel angenommen haben ... Die Welt liegt im Argen, aber nicht wahr, wir wollen uns die Pfeife auf keinen Fall ausgehen lassen.»[26] (4. Februar 1933)

Was die Theologie betraf, ging der Streit meist darum, daß Bonhoeffer fürchtete, Barths Vorordnung der Eschatologie vor alles andere könne die Ethik entschärfen und die Flucht vor konkreter Entscheidung, etwa zum akuten Friedensgebot, begünstigen.

Noch ein zweites Ereignis ging der Arbeitsaufnahme voraus, das für Bonhoeffers Leben und für sein Ende entscheidend wurde: die aktive Mitarbeit in der Ökumene. Sein Superintendent, Max Diestel, überredete ihn, Deutschland auf der «World Alliance»-Konferenz in Cambridge zu vertreten (September 1931). Er kam heim mit einem neuen Amt: als einer der drei Sekretäre für die ökumenische Jugendarbeit, zuständig für das mittlere und nördliche Europa.

Anläßlich der Vorbereitung zur Konferenz hatte es in Deutschland ein publizistisches Vorspiel gegeben. Theologieprofessoren wie der Erlanger Paul Althaus und der Göttinger Emanuel Hirsch erklärten unter dem Jubel der Rechtspresse in den «Hamburger Nachrichten», man müsse «bekennen, daß eine christliche und kirchliche Verständigung unmöglich ist, solange die Anderen eine für unser Volk mörderische Politik gegen uns treiben. Wer da glaubt, der Verständigung heute anders dienen zu können als so, der verleugnet das deutsche Schicksal und verwirrt die Gewissen im Inlande und Auslande.»[27] Teilnahme an der Konferenz sei also Verrat. Der mächtige Evangelische Bund stellte sich hinter diese Erklärung; die «Allgemeine Lutherische Kirchenzeitung» öffnete den beiden ihre Spalten. Bonhoeffer hingegen schrieb in seiner Mitteilung an Erwin Sutz, daß er nach Cambridge fahre: *Was sollen wir nach Amerika über Freundschaftsarbeit der Kirchen sagen? Immerhin vielleicht nicht solchen Unsinn, wie Hirsch kürzlich.* Nach Cambridge sagte er in einem Bericht: *Die Ergebnisse der Cambridgekonferenz in Deutschland sind gering, weil nationalistische Theologieprofessoren die Arbeit des Weltbundes bekämpfen.*[28]

Nach diesem, mehr aufgedrängten als freiwillig erwählten, Einstieg in die ökumenische Arbeit fiel Bonhoeffer die Aufgabe zu, auch innerdeutsche Ansätze auf dem ökumenischen Jugendsektor zu koordinieren und Konferenzen auf nationaler wie internationaler Ebene durchzuführen. Mit fast vergewaltigender Intensität bestand er auf gründlicher theologischer Arbeit bei Konferenzen in England, Frankreich, der Schweiz und in der Tschechoslowakei. Ständig lag er mit angelsächsischen Freunden im Kampf, um vorschnelle Resolutionen zu verhindern und statt dessen eine ökumenische Theologie zu entwickeln. Das änderte sich schlagartig 1933: nun wurde Bonhoeffer der resolutionsfreudigere. Aber damals, 1931/32, sollte nur etwas ganz Konkretes und zwar mit der Vollmacht des theologischen Mandates gesagt werden – oder gar nichts. «Konkret» hieß Friedensinitiative. *Die Kirche muß hier und jetzt aus der Kenntnis der Sache heraus in konkretester Weise das Wort Gottes, das Wort der Vollmacht sagen können, oder sie sagt etwas anderes, Menschliches, ein Wort der Ohnmacht. Die Kirche darf also keine Prinzipien verkündigen, die immer wahr sind, sondern nur Gebote, die heute wahr sind. Denn, was immer wahr ist, ist gerade heute nicht wahr. Gott ist uns immer gerade heute Gott,* sagte er in Ciernohorské Kúpele in den Karpaten.[29]

Diese Tätigkeit führte Bonhoeffer auch zu den anderen großen ökumenischen Bünden, aus denen 1948 der Weltrat der Kirchen hervorging. Damals reagierten diese Bünde verschieden auf die brennenden Fragen, die aus Deutschland kamen. Bonhoeffers Biographie kann ohne seine Verwicklung in diese verschiedenartigen Reaktionen nicht begriffen werden. 1931/32 vereinte sich die Jugendarbeit der World Alliance mit der von Life and Work, der Stockholmer Gründung von 1925, in der sich im Gegensatz zur World Alliance stärker die Kirchen als solche vertreten ließen. Hier begegnete Bonhoeffer zum erstenmal George Bell, dem Bischof von Chichester, der damals Präsident von Life and Work war und mit dem ihn immer wichtiger werdende Freundschaftsbande verknüpfen sollten. Life and Work hieß auf deutsch: Ökumenischer Rat für Praktisches Christentum. Bei dem dritten großen Bund, Faith and Order, oder Bewegung für Glaube und Kirchenverfassung, in der sich die theologische Elite zu versammeln pflegte, hat Bonhoeffer bezeichnenderweise nie ganz Fuß gefaßt. Die unverbindliche Forumsdiskussion lag ihm nicht. Die konkrete Friedensarbeit der World Alliance dagegen zog ihn an. Tatsächlich stellte sich später im Kirchenkampf heraus, daß die World Alliance und Life and Work sich zur Bekennenden Kirche, der kirchlichen Opposition in Hitlers Staat, hielten, Faith and Order aber vielmehr zum Start und Landeplatz für die Hitler-freundlichere Reichskirchenregierung wurde.

Die Lehrtätigkeit an der Universität in Berlin nahm Bonhoeffer im Wintersemester 1931/32 auf. Damals hatte die theologische Fakultät die Rekordzahl von über 1000 Studenten. Dennoch mußte sich ein Privatdozent, der ja nicht prüfte, schon qualifizieren, wollte er Hörer haben. Aber Kolleg und Seminar füllten sich.

1931 begann er damit, in einer Vorlesung über «Die Theologie des 19. und 20. Jahrhunderts» seinen Standort zu bestimmen. Das machte neugierig. 1932 beschäftigte er sich mit dem Problem der Kirche; 25 Jahre nach Harnacks berühmter Vorlesung «Wesen des Christentums» plakatierte er an der gleichen Stelle polemisch nun *Wesen der Kirche.* 1933 machte er sich, wie er sagte, an das schwierigste Thema, an die «Christologie». Dann ging er nach London; 1935 versuchte er noch einmal vom Predigerseminar aus zu lesen, und zwar die *Nachfolge.*

Das war also ein Weg vom gegenwärtig Gegebenen – Beschreibung zeitgenössischer Theologie – zum Zentralsten, der Christologie. Hätte

Freizeit in Prebelow. Bonhoeffer mit seinen Berliner Studenten, 1932
Zweiter von links: Albrecht Schönherr, jetzt Bischof in der DDR

man Bonhoeffer damals gefragt, würde er wohl geantwortet haben, nur dies Zentralste sei das eigentlich «Gegebene».

Dietrich Bonhoeffer traf offensichtlich auf Bedürfnisse, die an der angesehenen Fakultät kaum befriedigt wurden. Und er befriedigte sie mit einem ungewohnten persönlichen Engagement. Er überraschte die Hörer mit Gebeten im Hörsaal. Er konfrontierte sie mit dem Friedensthema, das auf die schon überwiegend mit den Nationalsozialisten sympathisierende Theologenschaft wie eine anstößige Sensation wirkte. Damals war es in Kirche und Fakultät etwas Singuläres, zu sagen: *Wir sollen uns hier auch nicht vor dem Wort «Pazifismus» scheuen*, der nächste Krieg sei zu ächten, *nicht aus der schwärmerischen Aufrichtung eines Gebotes – also etwa des fünften – über andere, sondern aus dem Gehorsam gegen das uns heute treffende Gebot Gottes, daß Krieg nicht mehr sein soll, weil er den Blick auf die Offenbarung raubt.*[30] Er vertrat allein auf dem Berliner Katheder, was Barths sogenannte dialektische Theologie gegen die große Berliner Tradition von Schleiermacher bis Harnack vorzubringen hatte. *Meine theologische Abkunft wird hier allmählich suspekt, und man hat wohl etwas das Gefühl, daß man sich eine Schlange am Busen großgezogen habe*, schrieb er an Sutz.[31]

Vor der Wochenendhütte in Biesenthal bei Berlin, 1932

Dennoch war es auch nicht einfach Barths Theologie, die er lehrte. Es war vielmehr eine fast anticalvinistische, an Luther orientierte Theologie, die Impulse aus der Bergpredigt und dem Gedanken der Nachfolge aufzunehmen begann, die damals kaum in Barths Blickfeld lagen – also eine auch Barth gegenüber kritische Theologie.

In dieser Zeit bildete sich ein auf ihn eingeschworener enger Kreis von Theologiestudenten. Mit diesem zog er an Wochenenden in eine märkische Jugendherberge, später in die eigens angeschaffte Hütte am Rande Berlins (Biesenthal), um zu diskutieren, aber auch geistlich zu meditieren. Mit diesem Kreis ging er 1933 in die ersten Kampfaktionen an der Universität; aus ihm rekrutierten sich die ökumenischen Delegationen, die manchmal pressure-groups nahegekommen sind.

Generalsuperintendent Dr. Otto Dibelius

Die Berlin-Brandenburgische Kirche setzte Bonhoeffer an eine damals ganz neue Aufgabe: eine Studentenseelsorge an der Technischen Universität in Charlottenburg einzurichten und durchzuführen. Es wurde die Aufgabe in Bonhoeffers Leben, bei der ihm trotz allen Aufwandes der geringste Erfolg beschieden war. Otto Dibelius, damals Generalsuperintendent der Kurmark, hatte ihn für dieses Amt ausersehen. So etwas wie eine Studentengemeinde gab es noch nicht, und in einer naturwissenschaftlich-technischen Umgebung so einer Hochschule war die Zeit dafür nicht reif. Bonhoeffers Plakate wurden abgerissen. Er machte einen neuen Anschlag: *An den Herrn Kommilitonen, der diesen Anschlag nunmehr zum 3. Mal entfernen zu müssen meinte! Lieber Herr Kommilitone! Warum so heimlich, und warum immer denselben Witz*

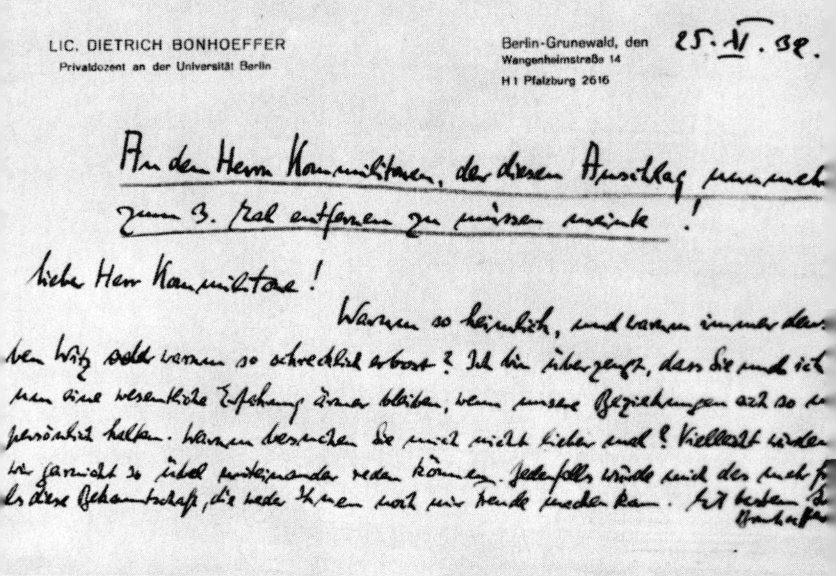
LIC. DIETRICH BONHOEFFER
Privatdozent an der Universität Berlin

Berlin-Grunewald, den 25. XI. 32.
Wangenheimstraße 14
H 1 Pfalzburg 2616

An den Herrn Kommilitonen, der diesen Anschlag nun noch zum 3. Mal entfernen zu müssen meinte!

Lieber Herr Kommilitone!

Warum so heimlich, und warum immer denselben Witz oder warum so schrecklich erbost? Ich bin überzeugt, daß Sie und ich um eine wesentliche Erfahrung ärmer bleiben, wenn unsere Beziehungen sich so unpersönlich halten. Warum besuchen Sie mich nicht lieber mal? Vielleicht würden wir garnicht so übel miteinander reden können. Jedenfalls würde mich das mehr freuen als diese Bekanntschaft, die weder Ihnen noch mir Freude machen kann. Mit bestem Gruß Bonhoeffer

Für das Anschlagbrett des Studentenpfarrers an der Technischen Hochschule Berlin-Charlottenburg, 1932

oder warum so schrecklich erbost? Ich bin überzeugt, daß Sie und ich um eine wesentliche Erfahrung ärmer bleiben, wenn unsere Beziehungen sich so unpersönlich halten. Warum besuchen Sie mich nicht lieber mal? Vielleicht würden wir garnicht so übel miteinander reden können. Jedenfalls würde mich das mehr freuen als diese Bekanntschaft, die weder Ihnen noch mir Freude machen kann. Mit bestem Gruß. Bonhoeffer.[32]

Der Auftrag für die Technische Hochschule ging 1933 zu Ende; das Experiment wurde nicht fortgesetzt.

Eine zweite Aufgabe, die ihm die Kirche stellte, war die Anweisung, eine verwilderte Konfirmandenklasse im proletarischen Berliner Wedding zur Konfirmation zu führen. Um dieser Kinder willen ließ er zeitweise Vorlesungen und Seminare ausfallen und mietete im Winter 1931/32 bei einem Bäckermeister in der baumlosen Oderberger Straße ein Zimmer. Dies ist hier *so ungefähr die tollste Gegend von Berlin mit den schwierigsten sozialen und politischen Verhältnissen. Anfangs benahmen sich die Jungen wie verrückt, so daß ich zum ersten Mal wirkliche Disziplinschwierigkeiten hatte. Aber auch hier half eines, nämlich daß ich den Jungen ganz einfach biblischen Stoff erzählte in aller Massivität, und besonders eschatologische Stellen. Wobei übrigens auch die Neger herhalten mußten. Nun ist absolute Ruhe, die Jungen sorgen selbst dafür ... Es ist ihnen einfach neu, daß es etwas anderes als Katechismuslernen gibt.*[33] Er spielte mit den Jungen Schach, lehrte sie Englisch, packte jedem zu Weihnachten ein Päckchen, kaufte ihnen den

Stoff zum Konfirmationsanzug, nahm sie mit in die Hütte nach Biesenthal und in das elterliche Ferienhaus im Harz. Der Konfirmationstag war auch Wahltag, 13. März 1932: Hitlers erste Reichspräsidentenkandidatur gegen Hindenburg; in diesen Straßen wählte man Thälmann.

Auf Grund des Weddinger Erlebnisses machte Bonhoeffer zweimal den Versuch, ein Pfarramt im Berliner Osten zu bekommen. Einmal wählte ihn der zuständige Gemeindekirchenrat nicht, das andere Mal blockierte der Arierparagraph, dem er sich nicht unterwerfen wollte, den Versuch. Die Weddinger Erfahrung beflügelte auch den Entschluß zur Einrichtung einer sogenannten Jugendstube Ende 1932 in Charlottenburg, die Jugendlichen in der Arbeitslosigkeit Beschäftigung und ein Gefühl von Zugehörigkeit verschaffen sollte. Aber die Ereignisse von 1933 mit ihrer Kommunistenjagd erzwangen bald darauf die Auflösung dieses Unternehmens.

Bonhoeffers Predigtgottesdienste in diesen Jahren wurden zum Treffpunkt derer, die von Mund zu Mund weitersagten, hier sei etwas Zentrales und zugleich Aktuelles zu hören: *Nicht das ist Ungehorsam, daß wir so wenig religiös sind, sondern daß wir eigentlich ganz gerne religiös wären ... sehr beruhigt darüber, wenn irgendeine Regierung die christliche Weltanschauung proklamiert ... daß wir, je frömmer wir*

Mit Weddinger Konfirmanden im Harz, 1932

sind, um so weniger uns sagen lassen, daß Gott gefährlich ist, daß Gott seiner nicht spotten läßt, so predigte er zur Zeit des Reichskanzlers Papen in der Kaiser-Wilhelm-Gedächtniskirche im Sommer 1932. Und am Reformationsfest: *Die Kirche, die die Reformation feiert, läßt dem alten Luther seine Ruhe nicht, er muß herhalten zu allem Schlimmen, was heute in der Kirche vorgeht. Man stellt ihn, den toten Mann, in unsere Kirche, läßt ihn seine Hand ausstrecken, auf diese Kirche weisen und mit allem Pathos der Selbstsicherheit immer wieder sagen: Hier stehe ich, ich kann nicht anders ... Es ist einfach nicht wahr, oder es ist unverzeihlicher Leichtsinn und Hochmut, wenn wir uns hinter dieses Wort verschanzen: Wir können anders!* [34]

Am 30. Januar 1933 kam Hitler an die Macht. Was das Bonhoeffer abfordern würde, war diesem spätestens 1934 klar. In einer Predigt hatte er bereits 1932 reflektiert (seine Hörer mögen es für übersteigert gehalten haben): *Wir müssen uns nicht wundern, wenn auch für unsere Kirche wieder Zeiten kommen werden, wo Märtyrerblut gefordert werden wird. Aber dieses Blut, wenn wir denn wirklich noch den Mut und die Treue haben, es zu vergießen, wird nicht so unschuldig und leuchtend sein wie jenes der ersten Zeugen. Auf unserem Blute läge große eigene Schuld: die Schuld des unnützen Knechtes.*[35]

Durch die Freundschaft mit dem halbjüdischen Mitpfarrer Franz Hildebrandt und mit dem Schwager Gerhard Leibholz aus jüdischem Hause, dem Mann der Zwillingsschwester, wurden Folgen kirchlicher und staatlicher Gesetzgebung durch die Nationalsozialisten allzu schnell konkret. Es konnte nur die Entschlossenheit geben, das frühzeitig Durchschaute am eigenen Platz zu bekämpfen.

Diesen Konfrontationen waren die eigentlichen inneren Entschlüsse jedoch vorausgegangen. Sie sind nicht, abgegrenzt als plötzliche Wende, zu datieren. Aber schrittweise lassen sie sich seit dem Einstieg in das Berufsleben 1931 verfolgen. Theologisch begann er, die Bergpredigt zu studieren. Ethisch reflektierte er den Pazifismus. Persönlich fing er an, eine disziplinierte praxis pietatis zu üben. Er ging regelmäßig zur Kirche (Paul Lehmann hatte in New York noch bemerkt, daß dieser kritische Barthianer es damit durchaus nicht genau hielt). Und er meditierte täglich eine Schriftstelle, ganz ohne exegetische Zwecke.

Von einem plötzlichen Entschluß zu solchen Engagements hat Bonhoeffer so gut wie nie gesprochen, was gerade dessen Ernsthaftigkeit belegt. Ja, in einem seiner letzten Briefe 1944 aus Tegel bestreitet er, daß es in seinem Leben Brüche gegeben habe: *Ich habe mich, glaube ich, nie sehr geändert, höchstens in der Zeit meiner ersten Auslandseindrücke und unter dem ersten bewußten Eindruck von Papas Persönlichkeit. Damals ist eine Abkehr vom Phraseologischen zum Wirklichen erfolgt ... Einen Bruch in unserem Leben haben wir eigentlich beide nicht erfahren. Gewiß haben wir mit manchem von uns aus und bewußt gebrochen ... Früher habe ich mich manchmal nach einem solchen Bruch gesehnt. Heute denke ich darüber anders.*[36]

Immerhin, *einen Bruch ersehnt*! In einem Brief an eine Bekannte schrieb er 1936 auf unseren Zeitabschnitt rückblickend: *Ich stürzte*

Adolf Hitler

mich in die Arbeit in sehr unchristlicher Weise. Ein ... Ehrgeiz, den manche an mir gemerkt haben, machte mir das Leben schwer ... Dann kam etwas anderes, etwas, was mein Leben bis heute verändert und herumgeworfen hat. Ich kam zum ersten Mal zur Bibel ... Ich hatte schon oft gepredigt, ich hatte schon viel von der Kirche gesehen, darüber geredet und gepredigt – und ich war noch kein Christ geworden ... Ich weiß, ich habe damals aus der Sache Jesu Christi einen Vorteil für mich selbst ... gemacht ... Daraus hat mich die Bibel befreit und insbesondere die Bergpredigt. Seitdem ist alles anders geworden ... Das war eine große Befreiung. Da wurde es mir klar, daß das Leben eines Dieners Jesu Christi der Kirche gehören muß, und Schritt für Schritt wurde es deutlicher, wie weit das so sein muß. Dann kam die Not von 1933. Das hat mich darin bestärkt ... Es lag mir nun alles an der Erneuerung der Kirche und des Pfarrerstandes ... Der christliche Pazifismus, den ich noch kurz vorher ... leidenschaftlich bekämpft hatte, ging mir auf ein-

mal als Selbstverständlichkeit auf. Und so ging es weiter, Schritt für Schritt. Ich sah und dachte gar nichts anderes mehr.[37]

Wie schon angedeutet, Bonhoeffer hatte nicht das Sündenbewußtsein entwickelt, das eine pietistische Erziehung zu erzeugen pflegt. Seine Erziehung hatte vielmehr bewirkt, daß seine überlegenen physischen, intellektuellen und gesellschaftlichen Fähigkeiten jederzeit selbstverständlich und gut funktionierten. Das brachte ihn zuweilen dicht an die Menschenverachtung. Er glaubte am eigenen Beispiel die zentralen Lehren der Reformation von der superbia und vom cor incurvatum in se, das sich nicht aufgeben und annehmen kann, gut zu verstehen. Daraus entwickelte er in dieser Periode die Frömmigkeit und die Theologie einer ganzen Hingabe an Jesus. Dieser wird zu dem mächtigen Befehlshaber, dem nachzufolgen alle Erfüllung bedeutet und Zugänge zu anderen Menschen garantiert. Und die Kirche wird an der Nachfolge orientiert und gemessen. So wurde die Theologie dieser Periode immer stärker auf die Person Christi konzentriert, immer christozentrischer.

Für die kommenden Jahre einer außergewöhnlichen Herausforderung für Christen und Pfarrer bildete diese totale Christusbezogenheit jedoch keine Barriere vor oder Abblendung von der Wirklichkeit des Tages. Im Gegenteil, sie schuf eine Immunisierung gegen die Verführung durch den Nationalsozialismus und seine Diener in der damaligen Kirche.

Hitlers Machtergreifung zog Bonhoeffer wie nie zuvor in den Tageskampf seiner Kirche hinein. Bald stand der nun Siebenundzwanzigjährige im Zentrum der Opposition, antreibend, kritisierend. Oft fanden seine Vorschläge zu Aktionen keine Mehrheit unter den Amtsbrüdern. Wer war schon dieser junge, unbekannte Mann für die Erfahrenen im Amt?

Alte Freundschaften zerbrachen. So wurde der zunächst geschätzte Theodor Heckel, ein guter lutherischer Theologe, Referent im Kirchenbundesamt für Auslands- und ökumenische Fragen (später in London Bonhoeffers Vorgesetzter), infolge seiner Kollaboration, die ihn bis 1945 im Amt erhielt, zum bitter bekämpften Gegenspieler. Neue Freundschaften bildeten sich mit den Männern der kirchlichen Praxis wie mit Martin Niemöller, der aus einem anderen Milieu stammte, Weltkriegskapitän und bis vor kurzem noch erklärter Nationalist gewesen war.

Die ganze Familie lehnte Hitler von vornherein ab; akute Beunruhigung gab es bald, weil der Vater als psychiatrischer Gutachter und der Schwager Hans von Dohnanyi als Referent beim Justizminister in die Untersuchungen zum Reichtagsbrand und in den van der Lubbe-Prozeß hineingezogen wurden. Auch waren der Vater, der Bruder Karl-Friedrich, die Schwäger Gerhard Leibholz und Walter Dreß und er selber, alle als Universitätslehrer, von den Maßnahmen des neuen Kultusministers Bernhard Rust und den Kundgebungen der SA (Bücherverbrennung!) vor der Alma Mater betroffen. Hinzu kam, daß der Vater als Gutachter an Gerichten vor die vollendete Tatsache des schnell verabschiedeten nationalsozialistischen Gesetzes zur Verhütung erbkranken Nachwuchses gestellt wurde.

Dietrich Bonhoeffer befand sich schon zwei Tage nach der Machtergreifung in voller Konfrontation, als er am Mikrofon der «Berliner Funkstunde» – zum ersten- und letztenmal in seinem Leben – über den Äther einen Vortrag (über den Führerbegriff[38]) zu halten hatte und dabei sagte: Läßt der Führer *sich von dem Geführten dazu hinreißen, dessen Idol darstellen zu wollen – und der Geführte wird das immer von ihm erhoffen –, dann gleitet das Bild des Führers über in das des Verführers . . . Führer und Amt, die sich selbst vergotten, spotten Gottes.*[39] Persönliche Äußerungen aus diesen ersten Monaten der Hitler-Zeit gibt es von Bonhoeffers Hand nicht viele. Der Grund steht in einem Brief an Erwin Sutz: *Daß ich heute nicht mehr über die hiesigen Verhältnisse schreibe, liegt daran, daß, wie Sie wissen, das Briefgeheimnis zur Zeit nicht gilt.* (14. April 1933)[40] Am 5. März, bei der letzten echten Wahl, stimmte der protestantische Pfarrer für das Zentrum in der Hoffnung, daß diese katholische Partei mit ihrer internationalen Verflechtung gegen den Taumel der «legalen Revolution» Hitlers noch am ehesten gefeit sein möchte.

Zu den entscheidenden ersten Gesetzen Hitlers im März 1933 sind keine offiziellen Stellungnahmen der evangelischen Kirchen überliefert. Diese

Martin Niemöller

Gesetze vernichteten die Demokratie: Die «Verordnung des Reichspräsidenten zum Schutz von Volk und Staat», gültig vom 28. Februar 1933 bis zum 8. Mai 1945, lieferte die Handhabe zu den Maßnahmen gegen die Kirchen, so auch später gegen Bonhoeffers Predigerseminar, ermöglichte die Konzentrationslager, hob das Recht auf freie Meinungsäußerung, Pressefreiheit, Versammlungsrechte, Postgeheimnis auf und legalisierte Haussuchungen und Beschlagnahmungen. Das «Heimtückegesetz» setzte Opposition gegen Regierung und Partei mit Feindschaft wider die Nation gleich; das «Ermächtigungsgesetz» löste die Kontrolle durch Parlament und Verfassung auf; das Nichtariergesetz mit dem beschönigenden Namen Verordnung «zur Wiederherstellung des Berufsbeamtentums» begann eine Gruppe im Land wegen ihrer Geburt gesetzlich zu deklassieren. Überliefert sind freudige Zustimmungen aus kirchlichen Kreisen zur Beseitigung der Weimarer Republik. Generalsuperintendenten und Honoratioren der Kirche hielten fürs Ausland bestimmte Rundfunkansprachen, um «Greuellügen» zurückzuweisen und für die friedlich-legal erneuernde Revolution zur Eindämmung des Bolschewismus zu werben.

Dietrich Bonhoeffer schmiedete währenddessen mit seinem gerade in Berlin anwesenden amerikanischen Freund Paul Lehmann Pläne, wie man den Chief-Rabbi in New York über den ersten großen Judenboykott unterrichten könne. Als jenes Nichtariergesetz vom 7. April 1933 zunächst die in staatlichen Diensten stehenden Juden ausschied, entwarf er bereits, als einer der ersten Männer der Kirche, zu diesem Punkt Thesen und einen Vortrag *Die Kirche vor der Judenfrage*. Er trug sie im April einem Pfarrerkreis vor. Einige Mitglieder verließen unter Protest die Versammlung. Er konnte den Vortrag aber im Juni noch drucken lassen.[41]

Der Aufsatz zeigt einen Bonhoeffer, der 1933 noch alles tut, um nur ja nicht demokratisch-humanistisch zu argumentieren. Als guter Lutheraner gesteht er dem Staat das Recht zu, auch die Judenfrage gesetzlich zu ordnen. Das war für die Zuhörer nichts Neues, und es galt damals als gute Theologie. Aber dann forderte er innerhalb dieses Rahmens – und das galt als schlechte Theologie –: 1. Die Kirche hat den Staat zu fragen, *ob sein Handeln von ihm als legitim staatliches Handeln verantwortet werden könne ... Sie wird diese Frage heute in bezug auf die Judenfrage in aller Deutlichkeit stellen müssen* ... 2. *Die Kirche ist den Opfern jeder Gesellschaftsordnung in unbedingter Weise verpflichtet, auch wenn sie nicht der christlichen Gemeinde zugehören* ... 3. Wenn die Kirche den Staat ein Zuviel oder ein Zuwenig an Ordnung und Recht ausüben sieht, kommt sie in die Lage, *nicht nur die Opfer unter dem Rad zu verbinden, sondern dem Rad selbst in die Speichen zu fallen*.[42] Das war damals eine sehr mutige Äußerung.

Bonhoeffer diskutierte also zuerst nicht nur die Frage der Kirchenmitgliedschaft von Juden – das tat er auch –, sondern ihre Menschenrechte im deutschen Staat. Später hat die Bekennende Kirche fast nur noch die Frage des Arierparagraphen in der Kirche, nicht im Staat behandelt. Das war damals zwar schon viel, letzten Endes natürlich zu wenig.

Die Wahrnehmung der dritten Möglichkeit in jenem Aufsatz, die des hier nur angedeuteten politischen Widerspruchs, wollte er damals nicht einer individuellen Entscheidung überlassen; die müsse von einem «evangelischen Konzil» vollzogen und geboten werden. Dafür hoffte er auf die Ökumene. Aber das war eine Überschätzung ihrer Möglichkeiten. Er wurde enttäuscht. Und eines Tages entschied er ohne alle korporative Hilfe durch Kirche oder Konzil, auf seine Verantwortung *dem Rad selbst in die Speichen zu fallen*.

Im Sommer 1933 überstürzten sich auf dem kirchlichen Sektor die Ereignisse. Bonhoeffer war ständig beteiligt, um aus den Reaktionen zu Aktionen zu kommen.

Die Nationalsozialisten in der Kirche, die «Deutschen Christen», suchten seit April die Macht an sich zu bringen. Im Juni wurden in

Preußen die Generalsuperintendenten ab- und ein Staatskommissar (August Jäger) eingesetzt. Den Wehrkreispfarrer Ludwig Müller machte Hitler zu seinem Vertrauensmann in kirchlichen Angelegenheiten; die Deutschen Christen ernannten Müller zu ihrem Reichsbischofskandidaten. Bonhoeffer vervielfältigte Resolutionen mit seinen Studenten, sprach auf Protestversammlungen gegen Ludwig Müller und beriet sich mit Gerhard Jacobi, Pfarrer an der Kaiser-Wilhelm-Gedächtniskirche, und mit Niemöller, die jetzt in den Mittelpunkt der Berliner Opposition rückten. Bonhoeffer schlug vor, die Pfarrer sollten in einen Beerdigungsstreik treten, also das uralte Mittel eines Interdiktes erneuern, solange der Staatskommissar regiere. Niemand hielt das für möglich – aber die norwegische Kirche führte 1941 ihren Kampf auf diese Weise mit Erfolg. Am 23. Juli 1933 gewannen die Deutschen Christen die kurzfristig angesetzten Kirchenwahlen mit großer Mehrheit. Bonhoeffer erschien bei Auseinandersetzungen über die Wahl mit Jacobi zum erstenmal vor der Gestapo. Nun schlug er Amtsbrüdern den Austritt aus dieser häretisch werdenden Kirche vor, wieder ohne Resonanz.

Die Niederlage bei den Kirchenwahlen veränderte den Kampf der Opposition. Sie wollte nun die Gewinner in den Kirchenleitungspositionen zur Rede stellen und fragen, wie es mit ihrem Bekennen, Verkündigen und Tun für die Kirche Christi stünde; sie wollte sie also nach ihrem Bekenntnis fragen und das eigene neu formulieren angesichts der Verfälschungen. In diesen Wochen entstanden allenthalben in Pfarrerkreisen neue «Bekenntnisse», das heißt Stellungnahmen, die sagen sollten, was das alte Bekenntnis denn eigentlich heute sage. Diese Bemühungen sollten zusammengefaßt und in Bethel repräsentativ und kompetent erarbeitet werden. Der Erlanger Professor Hermann Sasse und Dietrich Bonhoeffer wurden gebeten, einen Erstentwurf auszuarbeiten, und sie verfaßten dort im August, was später als das «Betheler Bekenntnis»[43] bekannt und eine Art Vorläufer des berühmten Barmer Bekenntnisses geworden ist.

Angesichts seiner Erfolglosigkeit in dieser Zeit erwog Bonhoeffer einen Rückzug aus der vordersten Kampflinie: Er hielt eine Probepredigt in einer Londoner Auslandsgemeinde und trat das Amt dort tatsächlich in der zweiten Oktoberhälfte an.

Vorher beteiligte er sich aber noch – als die «braune» Generalsynode vom 6. September 1933 in Berlin den Arierparagraphen in die Kirche einführte – an der Gründung von Niemöllers Pfarrernotbund zum Schutz der nun bedrohten Amtsbrüder jüdischer Herkunft; das war die Organisation, welche die zerfallende bisherige Opposition (die Jungreformatorische Bewegung) ablöste und hinüberführte zu der bei der Barmer Synode vom Mai 1934 entstandenen «Bekennenden Kirche». Bonhoeffer formulierte die Erstform der Selbstverpflichtung mit Niemöller. Darauf fuhr er zu einer ökumenischen Sitzung auf dem Balkan, um führende Ökumeniker über die Hintergründe der Geschehnisse zu informieren. Auf der Wittenberger Nationalsynode vom 27. September, welche Ludwig Müller zum Reichsbischof kürte, heftete er mit Freunden Flugblätter an Bäume und Laternen.

Reichsbischof Ludwig Müller, im Volk «Reibi» genannt

In London angekommen schrieb er einen langen Brief an Barth (24. Oktober 1933): *Nun schreibe ich Ihnen den Brief, den ich schon vor 6 Wochen schreiben wollte und der vielleicht damals einen völlig anderen Lauf meines persönlichen Lebens zur Folge gehabt hätte ... Ich habe mich nun «frei» entschieden, ohne im Blick auf Sie frei sein zu können. Ich wollte Sie fragen, ob ich als Pfarrer nach London gehen sollte oder nicht. Ich hätte Ihnen einfach geglaubt, daß Sie mir das Richtige sagen würden ... Im Juli kam die Londoner Sache an mich heran ... Es war mir gleichzeitig in Berlin ein Pfarramt im Osten angeboten worden, die Wahl war sicher. Da kam der Arierparagraph in Preußen, und ich wußte, daß ich das Pfarramt, nach dem ich mich gesehnt hätte, gerade in dieser Gegend nicht annehmen durfte, wenn ich nicht die Haltung unbedingter Opposition gegen diese Kirche aufgeben wollte, wenn ich mich nicht von vornherein meiner Gemeinde unglaubwürdig machen wollte, wenn ich nicht aus der Solidarität mit den judenchristlichen Pfarrern – mein nächster Freund gehört zu ihnen und steht gegenwärtig vor dem Nichts, er kommt jetzt zu mir nach England – heraustreten wollte. So blieb die Alternative Privatdozent oder Pfarrer, und Pfarrer jedenfalls nicht in Preußen ... Ich fühlte, daß ich mich unbegreiflicherweise gegen alle meine Freunde in einer radikalen Opposition*

Das Londoner Pfarrhaus, in dem Bonhoeffer von 1933 bis 1935 wohnte

befände, ich geriet mit meinen Ansichten über die Sache immer mehr in die Isolierung, obwohl ich persönlich in nächster Beziehung mit diesen Menschen stand und blieb – und das alles machte mir Angst, machte mich unsicher, ich fürchtete, daß ich mich aus Rechthaberei verrennen würde – und dabei sah ich gar keinen Grund dafür, daß ich jetzt gerade die Dinge richtiger und besser sehen sollte, als so manche ganz tüchtige und gute Pfarrer, zu denen ich einfach aufsehe – und so dachte ich, es wäre wohl Zeit, für eine Weile in die Wüste zu gehen und einfach Pfarrarbeit zu tun, so anspruchslos wie irgend möglich. Die Gefahr, in der gegenwärtigen Stunde eine Geste zu machen, schien mir größer als die, sich in die Stille zu begeben. So ist es dann gekommen ... Nun sind Sie bald in Berlin, und ich kann nicht da sein. Es kommt mir auch so vor, als sei ich Ihnen durch mein Weggehen persönlich untreu geworden. Sie werden das vielleicht nicht einmal verstehen. Mir ist das aber eine sehr große Realität. Und bei alledem freue ich mich unendlich, in einer Gemeinde zu sein, auch so ganz abseits. Und dann hoffe ich ja auch, daß sich mir hier nun die Fragen der Ökumene wirklich klären werden. Denn diese Arbeit will ich hier weitertreiben. Vielleicht kann man auf diesem Wege der deutschen Kirche noch einmal wirklich in etwas beistehen ...

Karl Barth antwortete lebhaft, aber hart, daß Bonhoeffer «jetzt unter keinen Umständen weder Elia unter dem Wacholder noch Jona unter dem Kürbis spielen [dürfe]. Sie müßten jetzt alle noch so interessanten denkerischen Schnörkel und Sondererwägungen fallen lassen und nur das eine bedenken, daß Sie ein Deutscher sind, daß das Haus Ihrer Kirche brennt, daß Sie genug wissen und, was Sie wissen, gut genug zu sagen wissen, um zur Hilfe befähigt zu sein, und daß Sie im Grunde mit dem nächsten Schiff auf Ihren Posten zurückkehren müßten! Nun, sagen wir: mit dem übernächsten!»[44] Bonhoeffer zeigte die Antwort seinem Vater, und dieser meinte dazu: «Es ist ja ein schönes Dokument eines temperamentvollen Geistes. Zur Sache selbst wage ich mich nicht zu äußern. Ich denke nur, es hat auch seinen großen Wert, die Dinge von außen her zu sehen und von dort aus zu beeinflussen und vor allem auch, sich für einen geeigneten Zeitpunkt aufzusparen.»[45]

Anderthalb Jahre war Bonhoeffer nun Pfarrer von zwei sehr kleinen Gemeinden in London: der Deutschen Evangelischen Gemeinde in Sydenham (1875 von emigrierten wohlhabenden deutschen Kaufleuten gegründet) und der viel älteren Deutschen Reformierten Gemeinde St. Paul im East End, geführt vornehmlich von deutschen Handwerkern. Als Ausweichversuch in eine ruhige Pfarrarbeit mißlang der Aufenthalt gründlich. An Karl-Friedrich schrieb er im Januar 1934: *... man ist zu nah, um nicht an allem teilnehmen zu wollen, und zu weit, um wirklich aktiv mitzumachen. Und das ist mir in den letzten Wochen sehr schwer gefallen.*[46] Protestbriefe gingen ab, Boten aus Berlin erschienen. Die Behörden zu Hause machte es nervös, daß der Erzbischof von Canterbury Bonhoeffer zum Bericht in den Lambeth Palace bat, daß die Kollegen aus England Interventionen beim Reichspräsidenten veranlaßten. Bonhoeffer war alle paar Wochen in Berlin.

Bonhoeffers Kirche in London-Sydenham, 1934

Hans Asmussen

Wenn auch jede freie Minute dem Kirchenkampf und der Ökumene gehörte, so sorgte Bonhoeffer dennoch für seine Gemeinde mit voller Hingabe. Für Hilfe an Emigranten aus Deutschland, politische oder jüdische Flüchtlinge, beanspruchte er Kirchenvorstände und Gemeindeglieder, wie zum Beispiel für Gottfried Treviranus oder Armin T. Wegner. Keine Frage, daß er seine Gemeinde auch in die Kämpfe um die Anerkennung der Bekennenden Kirche verwickelte; eines Tages sagten sich die Vorstände vom Kirchlichen Außenamt, das heißt von Heckel, in Berlin los.

In Deutschland errichteten währenddessen Bonhoeffers Freunde die endgültige Barriere gegen eine Gleichschaltung der gesamten Evangelischen Kirchen. Vom 29. bis 31. Mai 1934 tagte die berühmte Bekenntnissynode von Barmen. 138 Abgeordnete aus allen lutherischen, unierten und reformierten Landes- und Provinzialkirchen nahmen unter dem Druck der vorangegangenen Gleichschaltungsmaßnahmen Berlins die weltbekannten sechs Sätze gegen die Irrlehren der Deutschen Christen und ihrer Kirchenregimenter einstimmig an. Barth hatte sie entworfen. Ihr erster Verwerfungssatz lautete: «Wir verwerfen die falsche Lehre, als könne und müsse die Kirche als Quelle ihrer Verkündigung außer und neben diesem einen Wort Gottes auch noch andere Ereignisse und

Mächte, Gestalten und Wahrheiten als Gottes Offenbarung anerkennen.» Jeder verstand diese Erneuerung des reformatorischen «solus Christus» als gegen Hitlers Ansprüche von 1933 gerichtet.

Dietrich Bonhoeffer war in Barmen nicht dabei. Aber ihm bedeuteten diese sechs Sätze die Erfüllung dessen, wofür er so lange gestritten und was er fast nicht mehr für möglich gehalten hatte. Dies war die eigentliche Geburtsstunde der Bekennenden Kirche. Nun wollte er sofort Folgen sehen: Organisierung der Bruderräte und ihre Anerkennung als Notkirchenregierungen auf allen Ebenen.

Das Kunststück der Einstimmigkeit von Barmen hatte im Grunde Hans Asmussen mit seinem die Synode mitreißenden Einführungsvortrag zur Vorlage der sechs Sätze zustande gebracht. Asmussen war einer der größten Kämpfer der Bekennenden Kirche in jenen Tagen. Aber er hatte der Bekennenden Kirche mit seiner Interpretation schon in ihrer Geburtsstunde das mitgegeben, was – zunächst kaum erkannt – Männer wie Bonhoeffer eines Tages zwingen mußte, neue Fragen zu stellen und eigene Entscheidungen zu treffen, die an der Bekennenden Kirche vorbeigingen. Asmussen hatte die sechs Sätze für alle Anwesenden annehmbar gemacht, indem er aus ihrem Protest jegliche politische Dimension ausdrücklich aussparte und diesen mit der kritischen Distanzierung von Aufklärung und 19. Jahrhundert verband – und die Aufklärung verwarfen ja auch die Nationalsozialisten. Er sagte: «Wenn wir dagegen [die Ansprüche aus dem Jahre 1933, die die Kirche binden sollten] protestieren, dann protestieren wir nicht als Volksglieder gegen die jüngste Geschichte des Volkes, nicht als Staatsbürger gegen den neuen Staat, nicht als Untertanen gegen die Obrigkeit» (dies gesagt wenige Wochen vor dem Röhm-Putsch, vor dem Dollfuß-Mord); dann fuhr er fort: wir protestieren damit gegen die Erscheinung, «die seit mehr als 200 Jahren die Verwüstung der Kirche schon langsam vorbereitet hat», welche «Vernunft, die Kultur, das ästhetische Empfinden, den Fortschritt ... als bindende Ansprüche an die Kirche nennt»[47]. Asmussen sagte, was viele Barmer dachten.

Von der hier bekundeten unpolitischen Haltung auch der Bekennenden Kirche entfernten sich Barth und Bonhoeffer – zunächst unauffällig, später immer deutlicher. So wird verständlich, daß Bonhoeffer sich eines Tages allein in die Verantwortung einer Verschwörung getrieben sah. Was die Verbindung von 1933 mit der Revolution von 1789 und dem Vordringen der Aufklärung betrifft, damals eine hochwillkommene Bezugnahme, so wird ebenfalls verständlich, daß Bonhoeffer eines Tages dazu kommen konnte (nämlich 1944 in Tegel), auch das Verhältnis des Christusglaubens zu Aufklärung und Emanzipation neu aufarbeiten zu wollen, das Verhältnis zu einer *mündig gewordenen Welt.*

Damals aber war Bonhoeffer noch ziemlich unberührt von diesen beiden, durch Asmussen zur Sprache gebrachten Aspekten des Barmer Ereignisses. Jetzt war er froh über die sechs Sätze und wollte Barmens Entscheidung Respekt verschaffen. Das hieß in seiner augenblicklichen Position: die Ökumene zur Anerkennung der Bekenntnissynode und zur konkreten Distanzierung von der Berliner Kirchenregierung zu be-

Mit Jean Lasserre (Frankreich). Ökumenische Konferenz auf Fanö, August 1934

wegen. Durfte die Ökumene diese, also Heckel und das Außenamt, noch zu ihren Konferenzen einladen? Durfte Bonhoeffer mit Heckels Leuten gemeinsam auf Konferenzen auftreten?

Kurz vor Barmen hatte er schon an Henriod, den Generalsekretär von Life and Work in Genf, geschrieben:

Mein lieber Henriod! . . . Ich hätte ja sehr gern wieder mit Ihnen über die Lage gesprochen, da ich die Langsamkeit des ökumenischen Handelns allmählich nicht mehr für verantwortlich halte. Man muß sich eben einmal entscheiden und kann nicht ewig auf ein Zeichen vom Himmel warten, das einem plötzlich die Lösung der Schwierigkeit in den Schoß fallen läßt. Auch die Ökumene muß sich entscheiden und ist dabei dem allgemeinen Schicksal des Irrens unterworfen. Aber aus lauter Angst vor Irrtum überhaupt nicht zum Handeln zu kommen und zur Stellungnahme, wo andre – nämlich die Brüder in Deutschland – unendlich schwere Entscheidungen täglich neu zu fällen haben, scheint mir fast gegen die Liebe zu gehen . . . «Erlaube mir, daß ich zuvor hingehe . . .» heißt es im Evangelium; oh, wie oft schützen wir das vor! – und gerade hier heißt es Jetzt oder Nie. «Zu spät» heißt «Nie». Wenn nicht die Ökumene das jetzt begreift und wenn das nicht ein paar «Stürmer sind, die das Himmelreich an sich reißen» Matthäus 11,12, dann ist die Ökumene nicht mehr Kirche, sondern ein nichtsnutziger Verein, in dem schöne Reden gehalten werden . . .

Deutsche Jugend-Delegation bei der Ökumenischen Jugendkonferenz, Fanö, August 1934

Ich schreibe das an Sie, weil ich aus Ihrem letzten Brief an mich ähnliche Töne vernommen zu haben glaube. Und wenn alle die «Weisen» und Alten und Mächtigen hier nicht mitwollen und zurückscheuen aus allerlei Bedenken – dann greifen Sie an, gehen Sie vorwärts, lassen Sie sich nicht aufhalten und irremachen ...[48]

In diesem Kampf wurde der Bischof von Chichester, George Bell, damals gerade Präsident des Ökumenischen Rates für Life and Work, zu einem Fürsprecher für die Bekennende Kirche. Bonhoeffer hielt ihn ständig auf dem neuesten Stand der Informationen aus Berlin. Er sprach mit dem Bischof einen Hirtenbrief ab und schrieb ihm: Der Moment ist gekommen, *eine endgültige Haltung anzunehmen, sei es in der Art eines Ultimatums, sei es in einer öffentlichen Sympathieerklärung für die oppositionellen Pastoren ... deshalb schicken Sie doch einen Brief an alle ökumenischen Kirchen und warnen Sie diese.*[49] Die ökumenische Konferenz von Fanö im August 1934 wählte auf Vorschlag des Bischofs den Präses der Bekenntnissynode, Karl Koch, und Bonhoeffer als Mitglieder in den Ökumenischen Rat.

Dennoch erreichte Bonhoeffer nie, was er wollte: einen Ausschluß der Reichskirchenregierung. Die satzungsgebundenen losen Bünde konnten sich eine solche Entscheidung nicht leisten. Bonhoeffer selbst aber handelte immer schon so, als wäre die innere Logik der Barmer Entscheidung auch schon äußeres Faktum – nicht weil er blind war, sondern weil er entwicklungsreife Elemente festschreiben wollte. So verfuhr er zum Beispiel bei der Auswahl der von ihm zu verantwortenden Jugenddelegationen aus Deutschland derart, daß er strikt auf Leuten bestand, die die Barmer Entscheidung bejahten. Darüber kam es zu Konflikten. 1937 legte Bonhoeffer deshalb seine ökumenischen Ämter nieder.

Er erschien den Genfer Freunden sehr starrsinnig. In Wahrheit ging es ihm um den Ort und um die Möglichkeit, die Stimme des Friedens hörbar zu machen, eines Friedens, von dem in Deutschland niemand reden durfte. In Fanö (1934) hatte die Glut seiner Friedenspredigt einen tiefen Eindruck hinterlassen, als er die zögernde Versammlung auf ihre Existenzberechtigung ansprach: *Als Glied der Ökumene hat der Weltbund ... Gottes Ruf zum Frieden vernommen und richtet diesen Befehl an die Völkerwelt aus. Unsere theologische Aufgabe besteht darum hier allein darin, dieses Gebot als bindendes Gebot zu vernehmen und nicht als offene Frage zu diskutieren ... Wer ruft zum Frieden, daß die Welt es hört, zu hören gezwungen ist? daß alle Völker darüber froh werden müssen? Der einzelne Christ kann das nicht ... Nur das eine große ökumenische Konzil der Heiligen Kirche Christi aus aller Welt kann es so sagen, daß die Welt zähneknirschend das Wort vom Frieden vernehmen muß und daß die Völker froh werden, weil diese Kirche Christi ihren Söhnen im Namen Christi die Waffen aus der Hand nimmt und ihnen den Krieg verbietet und den Frieden Christi ausruft über die rasende Welt ... Die Stunde eilt – die Welt starrt in Waffen ... die Kriegsfanfare kann morgen geblasen werden – worauf warten wir noch? Wollen wir selbst mitschuldig werden wie nie zuvor?*[50]

Dietrich Bonhoeffers Aktionen waren in diesen Monaten zweifellos ganz auf die Kirche und die Ökumene ausgerichtet. Dennoch war die Wand zur politischen Dimension dieser Zeit schon recht dünn geworden. Zwischen Bonhoeffer in London und Erwin Sutz in der Schweiz gab es keine Zensur. Dorthin schrieb er 1934: ... *obwohl ich mit vollen Kräften in der kirchlichen Opposition mitarbeite, ist es mir doch ganz klar, daß diese Opposition nur ein ganz vorläufiges Durchgangsstadium zu einer ganz anderen Opposition ist und daß die Männer dieses ersten Vorgeplänkels zum geringsten Teil die Männer jenes zweiten Kampfes sind. Und ich glaube, die ganze Christenheit muß mit uns darum beten, daß das «Widerstehen bis aufs Blut» kommt, und daß Menschen gefunden werden, die es erleiden* (28. April 1934). *Ein Gespräch Hitler–Barth halte ich nunmehr für völlig aussichtslos und sogar nicht mehr erlaubt. Hitler hat sich als der ganz klar gezeigt, der er ist, und die Kirche muß wissen, mit wem sie zu rechnen hat. Jesaja ist auch nicht zu Sanherib gegangen. Wir haben oft genug versucht – zu oft – vor Hitler vernehmlich zu machen, worum es geht. Mag sein, wir haben es noch nie richtig gemacht, dann wird es Barth auch nicht richtig machen. Hitler soll und darf nicht hören, er ist verstockt und soll uns gerade als solcher zum Hören zwingen – so herum liegt die Sache. Die Oxfordbewegung* (Frank Buchmann) *war naiv genug den Versuch zu machen, Hitler zu bekehren – eine lächerliche Verkennung dessen, was vorgeht, wir sollen bekehrt werden, nicht Hitler ...*[51]

Der Gedanke an so etwas wie eine politische Verschwörung, an der er selbst beteiligt wäre, tauchte freilich erst Jahre später auf. Jetzt griff Bonhoeffer noch einmal den Plan einer Indien-Reise auf. Diesmal verschaffte er sich sogar durch Bell und Niebuhr eine persönliche Einladung von Gandhi, dem größten Denker und Aktivisten des gewaltlosen Widerstandes. Diesen Widerstand wollte er an Ort und Stelle erforschen. Vielleicht war da eine Möglichkeit zu finden, wie ein Nachfolger Christi und Pfarrer angemessen widerstehen könnte, ohne Verzicht auf politische Verantwortung.

Aus der Reise nach Indien wurde wieder nichts, denn Bonhoeffer wurde aufgefordert, in die Bekennende Kirche heimzukehren und an der «Erneuerung des Pfarrerstandes» mitzuarbeiten.

Winter 1934/35

PREDIGERSEMINAR

Die folgenden fünf Jahre Arbeit in einem Predigerseminar der Bekennenden Kirche brachten Bonhoeffer eine Zeit der Erfüllung, wie er sie bis dahin nicht erreicht hatte, aber auch die Zeit einer tiefen Verwicklung in den Zerfall der kirchlichen Opposition.

Ein Predigerseminar in der evangelischen Kirche war das kirchliche Vorbereitungsinstitut zum zweiten Examen und zur Ordination, das die Kandidaten nach dem Studium an staatlichen Fakultäten und nach dem ersten Examen für ein paar Monate zu besuchen hatten. Für seine eigene Person hatte Bonhoeffer 1928/29 alles getan, um dieser – gegenüber einer Fakultät viel schlechter ausgestatteten – Lehrstätte und ihrem Zwang zu entgehen. Er hatte das für reinen Zeitverlust gehalten, dem er sich durch die Habilitationsarbeit entziehen konnte. Nun wurde er Leiter eines solchen Instituts. Doch dieses Predigerseminar war eine Folge der Barmer Synode, nämlich eine von der Reichskirchenregierung als illegal betrachtete Unternehmung des endlich aktiven Notkirchenregimentes der Bekenntnissynode und ihres Bruderrates. Nun konnte Bonhoeffer nach dem ersten Semester schreiben: *Der Sommer 1935 ist für mich ... die beruflich und menschlich ausgefüllteste Zeit bisher gewesen.*[52]

Die Seminare der Bekennenden Kirche begannen 1935 mit großem Elan. Der Reichsbischof Ludwig Müller war Ende 1934 durch seine Attacken gegen die Landeskirchen an den Rand des Fiaskos geraten. Der Ausbau von Notorganen der Bekennenden Kirche erreichte indessen einen Höhepunkt. Nun warteten die Kandidaten nur darauf, daß ihre Einsatzbereitschaft in Anspruch genommen werde. So wurde eine Einweisung in ein neu errichtetes Seminar statt des ungeliebten Ganges in ein behördliches Institut zum ersehnten Ereignis für die Kandidaten. Jedes Provisorium war ihnen nur recht. Betten, Brot und Bücher zu erbetteln war nur ein Auftakt für den ersehnten Beginn. Bonhoeffer selbst ließ seine umfangreiche Bibliothek nach Pommern kommen, als das Finkenwalder Haus bei Stettin bezogen wurde; seinen Bechstein-Flügel gleich dazu. Beides stellte er nicht in sein eigenes, kärgliches Zimmer, sondern in den Gemeinschaftsraum zu jedermanns Benutzung.

Die ersten, kühlen Maiwochen mußten allerdings noch in einer Art Jugendherberge zugebracht werden, hinter den Ostseedünen von Zingst. Doch die Faszination des Neuen ließ alle Kandidaten die Unbilden vergessen. Der junge Direktor trug etwas vor, was sie so bisher nicht ge-

Gartenseite des Gutshauses, in dem das Predigerseminar untergebracht war. Finkenwalde bei Stettin, 1935

hört hatten: die Kapitel von der *billigen Gnade*, an der sich die protestantischen Kirchen selber vergiftet hätten, und von der *teuren Gnade*, die allein in der Nachfolge erfahren und weitergegeben werde, also jene Kapitel des Buches, das Bonhoeffer bald in kirchlichen Kreisen bekannt machte. Unter den ersten Zuhörern befand sich auch Eberhard Bethge, der spätere Freund Bonhoeffers.

Es zeigte sich jedoch bald, daß diese ersten Zuhörer mit ihrem Lehrer nicht so weitgehend übereinstimmten, wie sie zunächst glaubten. Gleich am 1. Mai 1935 verkündete Hitler auf dem Tempelhofer Feld das neue Wehrgesetz. Die Kandidaten vor dem Lautsprecher in Zingst waren froh, nun endlich ihren so oft angezweifelten Patriotismus durch die Ableistung der Wehrpflicht beweisen zu dürfen. Ziemlich betroffen merkten sie, daß der Institutsleiter ihre Begeisterung nicht teilte. Er schien ein Unglück in dem neuen Gesetz zu sehen, allgemein und für sich persönlich. Er deutete an, daß es für den Christen auch die Möglichkeit geben müsse, den Militärdienst zu verweigern. Daran dachten

Mit Eberhard Bethge im Sammelvikariat Groß-Schlönwitz (Hinterpommern)

Ökumenische Konferenz in Chamby, August 1936. George Bell, Bischof von Chichester, sucht zu vermitteln. Von links nach rechts: Wilhelm Zoellner, Vorsitzender des Reichskirchenausschusses; Karl Koch, Präses der Bekennenden Kirche; Bell; Otto Dibelius

damals aber weder die Kandidaten der Bekennenden Kirche noch ihre Bruderräte. Lehre und Praxis der lutherischen Tradition in Deutschland sahen so etwas nicht vor. Wo dennoch Christen in verschwindender Zahl solche Gedanken vertraten, galten sie als Sektierer oder Außenseiter. Es bedurfte erst der Katastrophe: die Mehrzahl der hier etwas verstört Zusammensitzenden mußte auf den französischen und russischen Schlachtfeldern sterben, obwohl sie sich ihren Lebenseinsatz anders gedacht hatten; und der störende Frager mußte als politischer Verschwörer umkommen, obwohl auch er sich seinen Einsatz zu diesem Zeitpunkt noch anders dachte.

Jetzt waren sich die Zuhörer der verschränkten Konstellation noch wenig bewußt. Sie fragten erst einmal theoretisch: darf man so die «Nachfolge» praktizieren? Darf man mit solchen pazifistischen Ideen die ohnehin drohenden Gefahren, die aus dem Kirchenkampf erwuchsen, noch potenzieren? Diese Gefahren erreichten Finkenwalde bald. In diesem Punkt war man sich jedenfalls sehr einig.

Hitler richtete im Sommer 1935 ein Kirchenministerium ein. Der neue Kirchenminister Hans Kerrl beauftragte den angesehenen Generalsuperintendent Wilhelm Zoellner, die Kirche mit sogenannten Kirchenausschüssen zu «befrieden». Diese Ausschüsse sollten sich aus Männern der Bekennenden Kirche, der Deutschen Christen und der Neutralen zusammensetzen. Zoellners Aufruf zur Mitarbeit enthielt freilich gleich den Schwur: «Wir bejahen die nationalsozialistische Volkwerdung auf der Grundlage von Rasse, Blut und Boden.» Sollte man mitmachen? Ein tiefer Riß tat sich in den Reihen der Bekennenden Kirche auf. Verlokkend hieß es, man dürfe als Bekenntnis b e w e g u n g existieren, aber nicht mehr als Bekennende K i r c h e mit dem Anspruch auf das Notkirchenregiment. Bisher ging es um Ungehorsam gegen häretische Gesetze der Kirche – das war vielen möglich; jetzt schien es um direkten Ungehorsam gegen Gesetze der «Obrigkeit» zu gehen – das schreckte viele ab. Außerdem – war nicht «Befriedung» ein schönes Ziel? Die Bekennende Kirche schrumpfte merklich; und schließlich harrte nur eine kleine Gruppe im Abseits einer isolierten Illegalität aus. In Finkenwalde wurde das aber nicht gleich sichtbar.

Am 2. Dezember 1935 erschien die Verordnung des Ministers Kerrl «zur Durchführung des Gesetzes zur Sicherung der Evangelischen Kirche». Sie erklärte alle «kirchenregimentlichen und kirchenbehördlichen Befugnisse durch kirchliche Vereinigungen oder Gruppen [für] unzulässig». So war nun also auch die Führung eines Predigerseminars im Namen der Bruderräte illegal. Bonhoeffer war die neue Situation in ihrer Schwere sofort klar. Am Abend dieses 2. Dezember rief er die Kandidaten zusammen und stellte ihnen angesichts der neuen Lage frei, abzureisen. Alle blieben. Für dieses im Winkel existierende Seminar hatte das zunächst keinerlei Folgen. Erst zwei Jahre später erschien die Gestapo, um das Haus zu versiegeln.

Auch dann fand Bonhoeffer noch für zweieinhalb weitere Jahre eine Form der Weiterarbeit mit Kandidaten der Bekennenden Kirche: die des «Sammelvikariates». Die Zuweisung von Kandidaten ins Vikariat bei Gemeindepfarrern war üblich und unbestritten von seiten der Amtskirche. Also suchte Bonhoeffer Pfarrer, die Bekenntnis-Vikare zu nehmen bereit waren. Die Woche über sollten sie in einem leeren Pfarrhaus zusammenkommen und den Lehrbetrieb mit Bonhoeffer fortsetzen. Man fand solche Pfarrer in den benachbarten Kreisen Köslin und Schlawe. Ihre ausgezeichneten Superintendenten Block und Onnasch deckten alles. Bonhoeffer fuhr nun je eine halbe Woche zum Unterricht nach Köslin und nach Groß-Schlönwitz bei Schlawe bzw. seit 1939 in ein Kleistsches Forsthaus Sigurdshof in der Nähe.

Da es dort an Platz mangelte, ist ein Teil seiner Bücher und Manuskripte in Finkenwalde auf einen Dachboden gewandert und später verlorengegangen. Ein anderer Teil ging zu den Eltern zurück. Diese wohnten seit 1935 in der Westender Marienburger Allee, Seite an Seite mit der Familie der Tochter Ursula Schleicher. Da Bonhoeffer nach der Schließung Finkenwaldes nie mehr einen dauernden Wohnsitz hatte, bekam sein Dachzimmer in der Marienburger Allee eine immer größere Bedeutung. Hier fanden später konspirative Gespräche statt.

Reichsminister Hans Kerrl

Manchmal hat Bonhoeffer, den es zum Schreiben drängte, unter diesem Nomadendasein gelitten.

Im März 1940 kam die Gestapo wieder und versiegelte auch das Haus in Sigurdshof. Die Kandidaten lagen inzwischen fast alle im Schützengraben.

Daß Bonhoeffers Seminar ausgiebig Theologie trieb, damals biblische und Theologie der Bekenntnisschriften, hatte es gemeinsam mit den Parallelseminaren, die Hans Iwand in Ostpreußen und Gerhard Gloege in Schlesien leiteten. Ebenso, daß man von hier aus die Kirchenkampfentscheidungen als eine pressure-group begleitete, daß die Verhaftungswelle in die Häuser drang und daß sich einzelne um den Preis einer Anerkennung der offiziellen Kirchenleitungen «legalisieren» ließen und ruhigere Arbeit und ein Pfarrhaus dafür bekamen. Aber anders als in den Parallelseminaren war der Stil, den Bonhoeffer der vita communis zu geben verstand, der allerdings auch Anlaß zu vielen Gerüchten gegeben hat. Bonhoeffer übte und verlangte täglich eine stille halbe Stunde mit schriftgebundener Meditation. Es gelang ihm, die lang vergessene persönliche Beichte zu erneuern. «Exerzitien» und die Meditation waren aber etwas so Ungewohntes, daß ihn bald der Vorwurf der «Möncherei» und der «Gesetzlichkeit» verfolgte. In einem Brief an Barth schrieb Bonhoeffer am 19. September 1936: *Der Vorwurf, das sei gesetzlich, trifft mich wirklich nicht. Was soll daran wirklich gesetzlich sein, daß ein Christ sich anschickt zu lernen, was beten ist, und an dieses Lernen einen guten Teil seiner Zeit setzt? Wenn mir neulich ein führender Mann der Bekennenden Kirche gesagt hat: «Für Meditation haben wir jetzt keine Zeit, die Kandidaten sollen lernen zu predigen und zu katechisieren», so ist das entweder totale Unkenntnis dessen, was ein junger Theologe heute ist, oder es ist frevelhafte Unwissenheit darüber, wie eine Predigt und Katechese entsteht.*[53]

Später hat Bonhoeffer seine Erfahrungen mit diesem Frömmigkeitsstil einer Gemeinschaft von angehenden Geistlichen aufgeschrieben, in dem Büchlein *Gemeinsames Leben*. Es hatte neben dem Buch mit den Tegeler Briefen (*Widerstand und Ergebung*) den größten Auflagenerfolg.

Jetzt beschäftigte ihn noch ein anderes, eng mit der Praxis dieses Stils zusammengehöriges Problem: er konnte diese Praxis nicht allein von Kurs zu Kurs durchtragen. Statt dessen sollten die Neuankommenden immer schon in die bereits geübte Praxis eines bestehenden Kreises hineingenommen werden.

Deshalb bat Bonhoeffer am Ende des ersten Kurses im Herbst 1935 einige Kandidaten darum, zu bleiben und mit ihm eine Kommunität zu bilden, wenn auch noch in losester Form. Erstaunlicherweise erreichte er, daß ihm verschiedene Provinzialbruderräte fünf Kandidaten, die sich dazu bereit erklärt hatten, freigaben, darunter Eberhard Bethge. Diese damals auf protestantischem Boden in Deutschland einzigartige Kommunität mit Convivium nannte sich das «Bruderhaus». «Gelübde» gab es nicht. Man unterwarf sich einer Gebetsdisziplin, teilte die Finanzen, die freilich überwiegend aus Bonhoeffers Gehalt gespeist waren, übernahm Aufgaben im Unterricht und Leben des Seminars und in den benachbarten Bekenntnisgemeinden. Mit dem Bruderhaus erhielt das Seminar ein starkes Rückgrat, ein intensives Kontinuum in den extensiven kirchenpolitischen Aktionen, eine Heimat für die angegriffenen Ehemaligen in ihren einsamen Parochien.

Mit dem Übergang zum Sammelvikariat 1937/38 endete der Versuch des Bruderhauses nach zwei Jahren allzu früh. Trotz seiner Kürze behielt das Experiment jedoch eine immense Bedeutung. Sein Wesen bestand ja nicht nur in der Sicherung von Kontinuität im Predigerseminar mit seinem halbjährigen Wechsel der Besatzung. Es stellte auch einen Beitrag zu jener «Erneuerung des Pfarrerstandes» dar, die Bonhoeffer schon lange beschäftigte: Das Experiment bedeutete eine praktische Kritik an dem parochialen Einzelpfarramt mit all seinen uralten Rechten, Bürden und Schwächen.

In seinem Antrag zur Errichtung des Bruderhauses beim Predigerseminar hatte Bonhoeffer die Sache so beschrieben: Inhalt und Ausrichtung der Predigt wird heute sachlicher und unerschrockener als in der Vereinzelung von einer gelebten Bruderschaft getragen. Verkündigung bleibt die Hauptaufgabe, nicht selbstbezogene Kontemplation. Antwort auf die allenthalben aufgebrochenen Fragen nach christlichem Leben kann nicht abstrakt gegeben werden, sondern nur aus einem konkreten

In Groß-Schlönwitz, 1938

Zusammenleben und gemeinsamer Besinnung auf die Gebote Christi. Am wichtigsten ist also die theologische Frage der Nachfolge. Deshalb bedarf es einer Gruppe verfügbarer Pastoren, die auf die herkömmlichen Privilegien verzichten. In einer Bruderschaft mit Convivium finden sie die Konzentration für den Dienst nach außen.

Das aber war nicht mehr und nicht weniger als die Forderung, eine neue Form des Pfarramtes zuzulassen. Die Sache war brennend, weil das überlieferte Pfarramt in der Parochie im Kirchenkampf zur großen Versuchung geworden war. Das selbst unter dem Nationalsozialismus immer noch relativ gesicherte Leben in einem Pfarramt verlockte jetzt viele, unter Preisgabe des offenen Zeugnisses für die Wahrheit danach zu streben. Hartnäckig widersetzte sich deshalb Bonhoeffer den Versuchen mancher seiner Kandidaten, sich «legalisieren» zu lassen. 1939

Die Häuser Marienburger Allee Nr. 42 (Schleicher) und Nr. 43 (Bonhoeffer)

Marienburger Allee 43: Bonhoeffer mit seiner Mutter und Kindern der Familie Schleicher, 1939

beschwor er die Legalisierer unter ihnen: *Erstens, wer jetzt für sich allein sorgt, der ist um die Gemeinschaft der Kirche betrogen ... Zweitens, wer uns damit bedrängt, wir müßten jetzt unter allen Umständen zu einer Lösung aller Schwierigkeiten gelangen, der gibt uns einen bösen Rat ... Drittens, wer uns furchtsam und bedenklich machen will mit der Rede, wir sollten doch wenigstens den jetzigen Bestand noch hindurchretten, genug sei uns doch schon zerschlagen, dem müssen wir entgegnen, daß wir uns von diesem Bestand an sich aber gar nichts versprechen ... Reden wir uns doch nicht ein, dort drüben in den Reihen des Konsistoriums würden wir frei sein für alle Sachfragen! Dort haben wir alle innere Vollmacht preisgegeben, weil wir nicht in der Wahrheit geblieben sind.*[54]

Man muß zugeben, daß Versuche nach 1945, Bonhoeffers Praktiken zu kopieren, kaum gelungen sind. Die Restaurierung des parochialen Pfarramtes gelang vollständig. Und Bonhoeffers Versuch kam in den Verruf der selbstbezogenen Kontemplation. Dieser Vorwurf beruht aber auf einer Verkennung der Sache und ihrer Funktion. In der Finkenwalder Zeit machte sie junge Pfarrer außerordentlich stabil gegen Gleichschaltung und hielt ihr Christsein selbständig.

Bonhoeffers Finkenwalder Tätigkeit hat in den Büchern *Nachfolge* und *Gemeinsames Leben* reiche Früchte getragen. Kaum waren die Bücher erschienen (1937 bzw. 1939), griffen Laien nach dieser lebendigen Darstellung dessen, was Gnade eigentlich sei und was nicht. Manche Kapitel haben in der ganzen Welt bis heute ihre frische Wirkung behalten. Aber daneben geben sie eben auch einen wichtigen Beitrag zu der heute erst recht brennend gewordenen Frage nach einer glaubwürdigen Form des Pfarramtes. Fast scheint es, als trage die heutige gesellschaftliche Entwicklung noch wirksamere Auflösungskeime in seine überkommene Konstruktion; die nationalsozialistischen Feinde schafften diese ja gar nicht ab, sondern lockten infam damit. Bonhoeffer antwortete damals nicht mit Gutachten und Debatten, sondern mit dem praktischen Experiment. Und dieses Experiment zerschnitt zunächst die alte Identifikation von Predigtamt und Pfarramt und stellte das erste eindeutig vor das zweite.

Die Finkenwalder Zeit trug Bonhoeffer heftige Angriffe auf seine theologische Reputation ein, brachte die ersten fühlbaren Behinderungen durch die Gestapo, aber auch wichtige neue Bekanntschaften. Und sie stellte die Weichen für die entscheidenden, aus der privaten und innerkirchlichen Sphäre herausgelösten Jahre seines Lebens.

1936 kolportierte man, Bonhoeffer habe gesagt: wer keine rote Karte hat, kommt nicht in den Himmel. Die «rote Karte» war ein Selbstverpflichtungs- und Mitgliedsausweis der Bekennenden Kirche. Tatsächlich hatte Bonhoeffer in die Auseinandersetzungen um die Kirchenausschüsse Zoellners mit einem Aufsatz *Zur Frage nach der Kirchengemeinschaft* eingegriffen, Konsequenz auf der Linie der Barmer Erklärung verlangt und eine Flut des Für und Wider hervorgerufen bis zur Forderung, nun müßten sich doch auch die Bruderräte von diesem radikalen Theologen Bonhoeffer trennen. Das taten sie nicht. Der verballhornte Satz hatte gelautet: *Wer sich wissentlich von der Bekennenden Kirche in Deutschland trennt, trennt sich vom Heil.*[55] Er wollte der fatalen Individualisierung des Heils wehren und den Ort festhalten, an dem die Stimme für Christus und für die Stummgemachten noch laut werden konnte.

Die Schlinge, die sich um Bonhoeffers Freiheit ziehen sollte, begann sich zu schürzen. Als er 1936 von einer Reise mit dem Seminar nach Dänemark und Schweden zurückkehrte, von der die dortige Presse ausgiebig berichtet hatte, entzog ihm der Kultusminister die Lehrbefugnis an der Universität – es sei denn, er gebe Finkenwalde auf. 1937 folgte die Schließung des Seminars; 1938 drang die Gestapo in eine Berliner Sitzung von Ausbildungsverantwortlichen der Bekennenden Kirche ein und verhängte gegen die Auswärtigen, also auch Bonhoeffer, ein Aufenthaltsverbot für die Hauptstadt. Das bedrohte seine Beziehung zum Elternhaus, aus dem er nur mündlich das Neueste über die politischen Ereignisse hinter den Kulissen erfahren konnte. Sein Vater erreichte aber die Umwandlung des allgemeinen in ein beschränktes Aufenthaltsverbot, das heißt, Bonhoeffer durfte in Berlin seine Eltern besuchen. Das Verbot, kirchliche Angelegenheiten in Berlin wahrzunehmen, ist nie aufgehoben worden. So spielte sich künftig alles – auch was diesen Sektor betraf – in der Marienburger Allee ab. Erstaunlicherweise kam der illegal weiterarbeitende Seminardirektor noch lange um eine Haft herum. Ein Seminar und Sammelvikariat war eben keine wichtige Angelegenheit.

Die Arbeit im Seminar und wirtschaftliche Sorgen um dessen Bestand brachten Bonhoeffer in Verbindung mit den Trägern der pommerschen Bekennenden Kirche. Das waren meist Gutsbesitzer. Unter ihnen gab es ausgezeichnete Kirchenpatrone mit alten Rechten, denen Bonhoeffers Bemühungen um eine Erneuerung des Pfarrerstandes wirklich am Herzen lagen: zum Beispiel Reinold von Thadden-Trieglaff, Präses der pommerschen Bekenntnissynode; die Kleists, unter ihnen Hans-Jürgen von Kleist-Retzow auf Kieckow und besonders dessen Mutter Ruth von Kleist-Retzow auf Klein-Krössin. Letztere war eine theologisch höchst versierte Frau. Sie kam, wenn sie in Stettin mit den schulpflichtigen Kindern und Enkelkindern wohnte, regelmäßig zu den Finkenwalder Bekenntnisgottesdiensten des Seminars. Unter diesen Kindern war dann auch die Enkelin Maria von Wedemeyer, die einmal Dietrich Bonhoeffers Braut werden sollte. Auf Klein-Krössin schrieb er später wesentliche Teile seiner *Ethik.* Und dort, wie auch bei dem benachbarten Ewald von Kleist auf Schmenzin, wurden schon früh konspirative Gespräche geführt, die später in Berlin zu konkreten Bindungen an die Verschwörergruppe führten. Aber das war kein schneller, gerader Weg.

Das Predigerseminar in Stockholm, März 1936

KONSPIRATION

Während der fünf Jahre Tätigkeit im Predigerseminar hatte die politische Entwicklung in Deutschland ein immer bedrohlicheres Tempo angenommen. Jene Versicherung der Barmer von 1934: Wir machen keine Politik! wurde von den Nazis immer brutaler in die Drohung umgewandelt: Wehe, wenn ihr Politik macht! Bonhoeffer hatte schon damals an Sutz geschrieben (11. September 1934): *Es muß endlich mit der theologisch begründeten Zurückhaltung gegenüber dem Tun des Staates gebrochen werden – es ist ja doch alles nur Angst. «Tu den Mund auf für die Stummen» Sprüche 31,8 – wer weiß denn das heute noch in der Kirche, daß dies die mindeste Forderung der Bibel in solcher Zeit ist? Und dann die Wehr- und Kriegsfrage etc. etc.*[56] Wenn die Bekenntnissynoden tapfere Aussagen zu Akten staatlicher Kirchenpolitik machten, so prüfte Bonhoeffer immer sofort, ob sie denn auch etwas zur allgemeinen Judenfrage geäußert hätten. Und das Ergebnis blieb mager. Jenes einschränkende solus, Christus allein, das Asmussen damals verkündet hatte, pervertierte immer bedrückender zur Enthaltsamkeit von politischer Mitverantwortung angesichts des steigenden Unrechts. Das war sicherlich eine erzwungene Enthaltsamkeit, doch auch mitverschuldet.

1938 gab Barth von der Schweiz aus seiner Sorge über die unpolitische Haltung der Bruderräte Ausdruck. Mit seiner Schrift «Rechtfertigung und Recht», in der er diese Besorgnis theologisch begründete, brachte er die Freunde in Deutschland in harte Bedrängnis. Bonhoeffer fühlte, daß er immer unausweichlicher einer Entscheidung entgegengetrieben wurde. Die tapferste Bekenntnispredigt, Theologie der Nachfolge und praxis pietatis verhinderten doch nicht, daß man inzwischen zum ungewollten Komplicen der Kriegs- und Judenpolitik Hitlers gemacht wurde. Die Bekennende Kirche war zu einem Ort der «inneren Emigration» geworden. Durfte man es bei dieser Emigration belassen? Was sollte, was konnte Bonhoeffer an seinem Orte tun?

Dietrich Bonhoeffer wußte nicht sofort, was er tun sollte. Zunächst steigerte das Jahr 1938 seinen Zwiespalt derart, daß er ihm auszuweichen suchte. Seine Kirche geriet 1938 an den Punkt ihrer tiefsten Schwäche; ihm persönlich wurden schmerzhafte Entscheidungen abgefordert; im politischen Feld entstanden die ersten konspirativen Versuche.

Kirchlich: Nach dem Einmarsch in Österreich bescherte die offizielle Reichskirchenregierung Hitler zum Geburtstag ihre Verordnung zum Loyalitätseid der Pastoren auf Hitlers Person. Anfangs leisteten die Bekenntnispastoren Widerstand (die Sache sei mit dem Ordinationsgelübde erledigt), aber dann legten im Laufe des Sommers doch fast alle beamteten Pastoren diesen Eid ab mit der Begründung, ein Eid sei – wie beim Militär – möglich, wenn es der Staat verlange. Nachdem der Eid geschworen war, erklärte Bormann aus der Parteikanzlei, Partei und Staat hätten nie Wert darauf gelegt. Eine peinliche Bekundung, die alle aus dem Tritt brachte. Als nicht von der Behörde erfaßter Bekenntnispfarrer hatte Bonhoeffer nicht schwören müssen, hatte aber heftig gegen die Eidesleistung agiert und die Einwilligung der Bekenntnissynode in die Eidesleistung als furchtbare Niederlage bezeichnet.[57] Er hatte geschrieben: *Sieht sie* (die Bekenntnissynode) *die Gefahr, in die sie ihr Wort durch die letzte Sitzung gebracht hat?*

Als während der Sudetenkrise leitende Männer der Bekenntnissynode eine Gebetsliturgie mit einem Schuldbekenntnis der Kirche und mit einer Bitte um Abwendung der Kriegsgefahr verfaßten und die SS-Zeitung «Das Schwarze Korps» dies als «landesverräterisches Tun in geistlichem Gewande» anprangerte, distanzierten sich früher befreundete Lutheraner von den Autoren dieser Liturgie. Tragischerweise mußten dann aber auch diese Autoren und mit ihnen die Vorläufige Kirchenleitung der Bekenntnissynode sich ihrerseits vom Schweizer Karl Barth öffentlich distanzieren, weil dieser in einem berühmt gewordenen Brief an den Prager Theologen Josef Hromádka die Tschechoslowaken zum bewaffneten Widerstand gegen Hitlers Regimenter aufrief.

Nachdem in der sogenannten Kristallnacht vom 9. November 1938 Synagogen brannten und Juden mißhandelt und verschleppt worden waren, brachte die Bekennende Kirche kein öffentliches Wort mehr zustande.

Persönlich: Als das Gesetz zur Kennzeichnung der Pässe von «Nichtariern» mit einem I («Israel» für Männer) und S («Sarah» für Frauen) vorbereitet wurde – davon erfuhr die Familie durch Hans von Dohnanyi vorzeitig –, entschlossen sich die Zwillingsschwester Sabine

Berlin, 9. November 1938 (die sog. «Kristallnacht»): brennende Synagoge

Leibholz und ihr Mann Gerhard, Hals über Kopf zu emigrieren. Lange war das gefürchtet, nie ernsthaft vorbereitet worden. «Das Schwarze Korps» schrieb von «restloser Vernichtung» der Juden für den Kriegsfall. Dietrich brachte die Geschwister im September auf den Weg, über die Schweiz nach England.

Außerdem beschleunigte die Sudetenkrise den Prozeß der Musterungen, und die Einberufungen erreichten die höheren Jahrgänge. Konnte Bonhoeffer mit einer Kriegsdienstverweigerung seine jetzt so angeschlagene, vor allem aber in dieser Sache so traditionell denkende Bekennende Kirche belasten, wo sie das weder gutheißen noch decken wollte? Tatsächlich gingen bei Kriegsausbruch aus den Reihen der Bruderräte Blätter an die Theologen in Kasernen und Schützengräben, in denen es hieß, Kriege seien nicht Sache der einzelnen, sondern der Regierungen, und man solle getrost ein guter Soldat sein.[58] Bonhoeffer hatte völlig recht, wenn er im Frühjar 1939 an Bell schrieb: ... *die Bekennende Kirche als solche hat in dieser Hinsicht keine bestimmte Haltung eingenommen und kann es wahrscheinlich auch nicht tun, so wie die Dinge nun einmal liegen. So würde ich meinen Brüdern einen ungeheuren Schaden zufügen, wenn ich in diesem Punkt Widerstand leistete.*[59]

Politisch: Im Februar 1938 entstand nach der Entlassung des Generalobersten Werner Freiherr von Fritsch eine Krise im Heer. Zur Untersuchung des Falles wurden unter anderem von militärischer Seite Hans Oster, damals Oberst in der militärischen Abwehr des Admirals Wilhelm Canaris, und von seiten des Justizministers Franz Gürtner dessen Referent Hans von Dohnanyi beauftragt. Oster und Dohnanyi fanden sich schnell in dem Plan, den Fall Fritsch zur Aufwiegelung der Militärs gegen Hitler zu nutzen. Unter anderem konferierten sie mit General Ludwig Beck, der später das Haupt der Verschwörung gegen Hitler wurde. Beide waren von nun an aktiv bei den verschiedenen Umsturzvorbereitungen beteiligt. Bonhoeffer befand sich im engsten Einvernehmen mit seinem Schwager Dohnanyi. So wurde er schon jetzt zum Mitwisser – und allein das war bereits ein todeswürdiges Verbrechen. Sollte aus dem Mitwisser eines Tages auch ein Mittäter werden?

Bonhoeffer schob die Entscheidung vor sich her. Ja, zunächst dachte er sogar an Emigration. Mußte er diesem Land und dieser Kirche wirklich weiter dienen? Konnte er an einer Theologie der Ethik, die er schreiben zu müssen meinte, nicht viel besser draußen in der ökumenischen Welt arbeiten, die ihm wie nur wenigen offenstand? Konnte er so nicht gar der heimatlichen Kirche die besten Dienste leisten?

Während Hitler im März 1939 nach «Böhmen und Mähren» einmarschierte, war Bonhoeffer bei seiner Zwillingsschwester im englischen Exil zu Besuch und bereitete von dort aus einen «Urlaub» in Amerika mit Hilfe von Reinhold Niebuhr und Paul Lehmann vor. Alle Türen öffneten sich: Was andere Emigranten entbehrten, Arbeit, Brot und Benötigtsein, ihm stand dies alles zur Verfügung.

Das Kunststück, eine Befreiung vom Wehrmeldeamt und ein Visum zu bekommen, gelang. Schweren Herzens brach er am 2. Juni 1939 auf.

Aus der New Yorker Zeit gibt es ein bewegendes Tagebuch; es ist

Generaloberst Werner Freiherr von Fritsch, 1939

ein Spiegel der schwerwiegendsten Entscheidung in Bonhoeffers Leben; nach der alle späteren Schritte wie selbstverständliche Folgen erscheinen: *Bei allem fehlt mir Deutschland, die Brüder. Die ersten einsamen Stunden sind schwer. Ich begreife nicht, warum ich hier bin, ob es sinnvoll war, ob das Ergebnis sich lohnen wird ... Es sind nun fast 2 Wochen, ohne daß ich etwas von drüben weiß. Das ist kaum zu ertragen.*

Dann kam die entscheidende Verhandlung am 20. Juni 1939. Am Vorabend lesen wir: *Ohne Nachricht aus Deutschland den ganzen Tag, von Post zu Post vergebliches Warten. Dabei hilft es nichts, zornig zu werden ... Ich will wissen, was die Arbeit drüben macht, ob alles gut geht oder ob man mich braucht. Ich will für die morgige entscheidende Unterredung einen Wink von drüben haben. Vielleicht gut, daß er nicht gekommen ist.*

Am nächsten Abend heißt es: *Besuch bei Leiper* (Generalsekretär im Federal Council of Churches). *Damit ist die Entscheidung wohl gefallen. Ich habe abgelehnt. Man war sichtlich enttäuscht und wohl etwas verstimmt. Für mich bedeutet es wohl mehr, als ich im Augenblick zu übersehen vermag. Gott allein weiß es. Es ist merkwürdig, ich bin mir bei allen meinen Entscheidungen über die Motive nie völlig klar. Ist das ein Zeichen von Unklarheit, innerer Unehrlichkeit oder ist es ein Zeichen dessen, daß wir über unser Erkennen hinaus geführt werden, oder ist es beides?*

Am Tage danach: *Wir können uns von unserem Schicksal doch nicht trennen; hier draußen erst recht nicht ... Es ist so seltsam, wie stark mich in diesen Tagen gerade diese Gedanken bewegen und wie alles Denken an die Una Sancta sich nur schwer Bahn bricht.*

An Reinhold Niebuhr schrieb er: *Es war ein Fehler von mir, nach Amerika zu kommen. Ich muß diese schwierige Periode unserer nationalen Geschichte mit den Christen in Deutschland durchleben. Ich werde kein Recht haben, an der Wiederherstellung des christlichen Lebens nach dem Kriege in Deutschland mitzuwirken, wenn ich die Prüfungen dieser Zeit nicht mit meinem Volk teile ... Die Christen in Deutschland stehen vor der fürchterlichen Alternative, entweder in die Niederlage ihrer Nation einzuwilligen, damit die christliche Zivilisation weiterleben kann, oder in den Sieg einzuwilligen und dabei unsere Zivilisation zu zerstören. Ich weiß, welche dieser Alternativen ich zu wählen habe; aber ich kann diese Wahl nicht treffen, während ich mich in Sicherheit befinde.*

Am 7. Juli heißt es schließlich: *Letzter Tag. Paul Lehmann versucht mich noch festzuhalten. Es geht nicht mehr ... Fahrt aufs Schiff mit Paul. Halb zwölf Abschied ... Die Reise ist zu Ende. Ich bin froh, daß ich drüben war, und froh, daß ich wieder auf dem Heimweg bin ... mindestens habe ich für alle künftigen persönlichen Entscheidungen Wichtiges eingesehen. Wahrscheinlich wird sich diese Reise sehr bei mir auswirken. Seit ich auf dem Schiff bin, hat die innere Entzweiung über die Zukunft aufgehört. Ich kann ohne Vorwürfe an die abgekürzte Zeit in Amerika denken ...*[60]

Zunächst nahm Bonhoeffer trotz des begonnenen Krieges die alte Arbeit in Hinterpommern wieder auf, als wäre nichts geschehen. Nachdem diese im März 1940 unterbunden worden war, machte der Bruderrat ihn und seinen Sigurdshofer Mitarbeiter Eberhard Bethge zu Visitatoren. Beide reisten im Sommer durch ostpreußische Gemeinden. Inzwischen war Bonhoeffer intensiv in die – leider erfolglosen – Umsturzplanungen der Gruppe Oster, Dohnanyi und Josef Müller eingeweiht, die Hitler vor dem heißen Krieg im Westen stoppen sollten. Die für Militärexperten unerwartet schnelle Kapitulation Frankreichs brachte Hitler den Höhepunkt seines Ansehens. Die Meldung von der Kapitulation erlebte Bonhoeffer mit Bethge in einem Tilsiter Kaffeegarten.

Bald danach traf ihn eine neue Gestapoaktion: In Bloestau bei Königsberg wurde während einer Jugendfreizeit, bei der Bonhoeffer für Studenten eine Bibelstunde abhielt, eine Razzia durchgeführt. Bonhoeffer bekam ein Redeverbot wegen «volkszersetzender Tätigkeit» und nach sechs Wochen eine regelmäßige Meldepflicht am Ort seiner polizeilichen Anmeldung, dem hinterpommerschen Schlawe. Das komplizierte Bonhoeffers Lage erheblich.

Schon nach dem Eingreifen der Gestapo in Bloestau hatte Dohnanyi im Auftrag von Oster seinem Schwager mitgeteilt, daß sie an seinen Reisen in Grenz- und Frontnähe interessiert seien und seine nächste

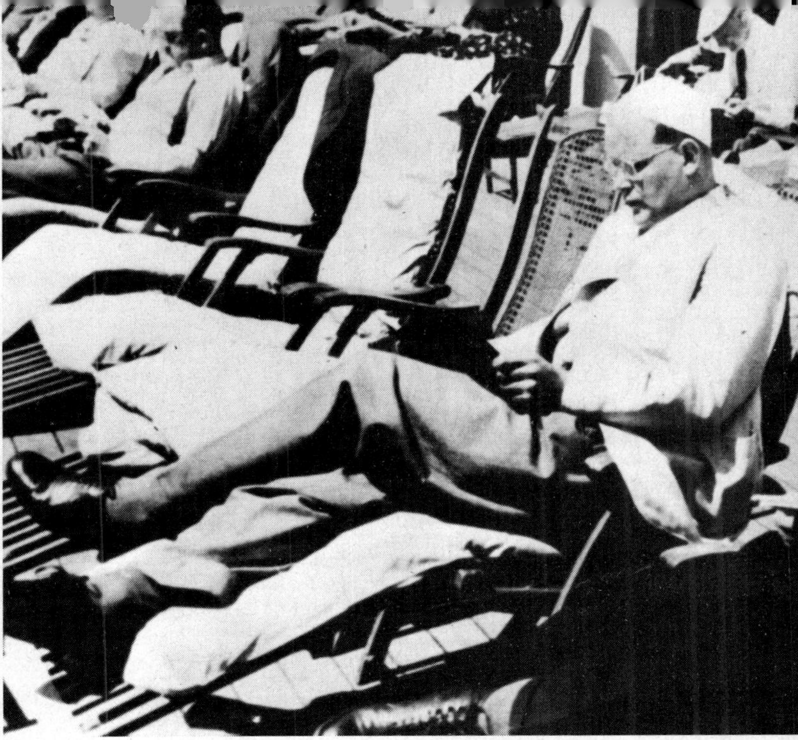

Überfahrt nach New York, Juni 1939

Fahrt nach Osten vorsorglich gegen eine Behinderung absichern könnten. Die Abwehrorganisation von Canaris stellte nach der Meldepflichteröffnung vom 4. September eine Unabkömmlichkeitserklärung für Bonhoeffer aus und entzog ihn damit der Staatspolizeistelle Pommern. Oster und Dohnanyi verpflichteten ihn als zivilen Abwehrmann bei der Münchener Dienststelle, so weit weg von Pommern wie möglich. Damit war der Weg in den aktiven militärischen Widerstandskreis angetreten. Bonhoeffer mußte sich nun auch polizeilich in München anmelden. Meist hielt er sich in der Benediktinerabtei Ettal auf. Hier schrieb er an der *Ethik* und wartete auf Abwehraufträge zu Auslandsreisen. Mittags in der Klausur überraschte man ihn damit, daß die Lesung zur Mahlzeit aus dem *Gemeinsamen Leben* gehalten wurde.

Offiziell blieb Bonhoeffer im Dienst der Bekennenden Kirche. Tatsächlich arbeitete er in einigen theologischen Kommissionen der Bekenntnissynoden mit.

Die Bruderräte, seine «Behörden», wußten nur sehr vage über Bonhoeffers militärische Aufträge Bescheid. Diese waren doppeldeutig: einerseits hatte er ausländische Nachrichten aufzuzeichnen – dies zur

General Hans Oster

Hans von Dohnanyi

Tarnung –, andererseits Signale von einer Fortsetzung des deutschen Widerstandes in das Ausland zu vermitteln. Außerdem versorgte er die Verschwörer mit Informationen von ausländischen Freunden. Die Auftraggeber in der Konspiration konnten die guten Auslandsbeziehungen eines in der Ökumene geschätzten Pfarrers gut gebrauchen. Ihre Glaubwürdigkeit war erschüttert, seit Hitlers Eroberung von halb Europa die Versicherungen, sie würden ihm rechtzeitig das Handwerk legen, Lügen gestraft hatte. Bonhoeffer seinerseits war sich klar darüber, in welch merkwürdige Lage er geriet, wenn er seine ökumenischen Beziehungen dem deutschen militärischen Geheimdienst – in Wirklichkeit natürlich dem Widerstand – zur Verfügung stellte.

Aber es gab keinen Rückweg mehr; der Schritt vom Mitwisser zum Mittäter war im Grunde mit der Heimkehr aus Amerika getan. Nun machten die beginnenden Judendeportationen das Handeln noch dringlicher.

Mit diesem Weg in die aktive Konspiration veränderte sich das theologische Arbeiten. Nicht etwa daß die Konzentration absank. Im Gegenteil: jetzt gab es zwischen dienstlichen Reisen ganze Perioden von intensiver und fruchtbarer Arbeit an der *Ethik*. Die Konzeption einer neuen theologischen Ethik hatte er ja immer für seine Lebensaufgabe gehalten. Nun kam sie wirklich in Gang. Und wie hinter dem Werk *Nachfolge* der Kirchenkampf und die Finkenwalder praxis pietatis gestanden hatte, so bildeten jetzt die Erfahrungen der Konspiration und ihre Problematik den Hintergrund der neuen Arbeit.

Im Auftrag der Abwehr und mit ihren Paß- und Visamöglichkeiten unternahm er nun Reisen in die Schweiz, nach Schweden, Norwegen und Italien. Sie verliefen in drei Stadien.

Admiral Wilhelm Canaris

Zuerst ging es im Frühjahr 1941 darum, ausländische Freunde wissen zu lassen, daß die politische Untergrundorganisation lebe und arbeite, und um Informationen von draußen an die eigene Gruppe. Diese Reise in die Schweiz war also vorsichtigen Wiederanknüpfungsversuchen gewidmet. Bonhoeffer sah Sutz und Barth und Visser 't Hooft. Letzterer sandte einen ausführlichen Bericht über den Besucher und seine Meldungen nach London.[61]

Als Bonhoeffer von der vierwöchigen Reise heimkehrte, erreichte ihn die Maßnahme Goebbels' gegen alle nicht in der Reichsschrifttumskammer organisierten Autoren: das Schreibverbot. Er ließ es bei einigen Protesten bewenden, denn er war sich schon länger bewußt, daß er für die Schublade zu konzipieren hatte. Seine Arbeit an der *Ethik* wurde dadurch nicht beeinträchtigt.

Die zweite Reise, September 1941, wieder in die Schweiz, galt der Erkundung von Friedenszielen auf alliierter Seite, vor allem bei den

Kloster Ettal

christlichen Verantwortungsträgern, wie etwa den anglo-amerikanischen Peace-Groups. Um deutlich zu machen, daß bald mit einem Wechsel in Deutschland zu rechnen sei und man sich darauf einstellen solle, schrieb er eine Besprechung zu William Patons neuestem Buch «The Church and the New Order», in der er das getarnt sagte. Visser 't Hooft schickte dies als Memorandum mit einem Begleitbrief an die englisch-amerikanische «Peace-Aims-group».[62] Doch in London maß man dieser Mitteilung von einem möglichen Umsturz keine Bedeutung bei und antwortete nicht.

Als er diesmal heimkehrte, wurden gerade die ersten großen Deportationen von Juden aus Berlin gemeldet. Bonhoeffer verfaßte mit dem befreundeten Justitiar der Bekennenden Kirche F. J. Perels einen Bericht für oppositionelle Militärs[63], um sie zur Eile für den Putsch anzutreiben. Außerdem half er bei einer Aktion von Canaris, eine kleine Gruppe von Juden in die Schweiz zu schaffen. Dann legte ihn eine heftige Lungenentzündung für einige Wochen lahm.

Im dritten Stadium Ende Mai 1942 traf er seinen alten Freund, den Bischof von Chichester, George Bell, in Schweden. Ihm teilte er auftragsgemäß genaue Einzelheiten (auch Namen Beteiligter) eines bevorstehenden Putsches mit. Die englische Führung sollte beim Auftauchen dieser Namen im Falle des Staatsstreiches den Putschisten Raum und Zeit geben, damit sich eine neue Regierung etablieren könne. Bells Mitteilungen an den Außenminister Eden führten zu nichts: Eden lehnte jede Antwort an die Verschwörer ab. Obwohl er an der Integrität der Informanten selbst, Bonhoeffer und Schönfeld, nicht zweifle, könne es sich doch um Friedensfühler der Nazis gehandelt haben. Bell ließ sich nur sehr schwer dazu bewegen, die Sache auf sich beruhen zu lassen. Im Frühjahr 1943 konnte er endlich im Oberhaus die Frage stellen, ob die englische Regierung zwischen Nazis und Deutschen zu unterscheiden gewillt sei. Er ahnte nicht, daß gerade in jenen Tagen der Putsch mit einem Attentatsversuch (Fabian von Schlabrendorff) anlief, ohne daß die Bombe explodierte; ein Versuch, an dem Bonhoeffer und Dohnanyi beteiligt gewesen sind.

Bevor er nach Schweden fuhr war Bonhoeffer noch im April mit Helmuth von Moltke in Norwegen gewesen – beide getarnt mit einem Auftrag von Canaris –, um den dort frisch entbrannten Widerstand der Kirche, insbesondere die Maßnahmen Bischof Eivind Berggravs, zu ermutigen. Im Anschluß an die Schweden-Reise begleitete Bonhoeffer im Juni seinen Schwager Dohnanyi nach Rom, in der vergeblichen Hoffnung, im Vatikan eine Antwort aus London zu bekommen.

Nicht lange danach begann die Lage für ihn und für Dohnanyi brenzlig zu werden.

Jetzt erhielten die beiden Männer Warnungen, daß sie beobachtet und ihre Telefone abgehört würden und daß es zu Haussuchungen kommen könnte. Anlaß dazu waren aber nicht etwa die konspirativen Aktionen der letzten Monate. Die Gefahr kam aus einer anderen Richtung. Himmler und das Reichssicherheitshauptamt strebten seit langem danach, die militärische Abwehr am Tirpitz-Ufer ihrem Hauptquartier in der Prinz-Albrecht-Straße einverleiben zu können. Deshalb war den Machthabern in der Prinz-Albrecht-Straße an jedem Nachweis gelegen, daß man am Tirpitz-Ufer schlecht arbeite, und sie faßten sofort nach, als die Prager Zollfahndungsstelle Devisenunregelmäßigkeiten bei einem Mann feststellte, der im Auftrag von Konsul Schmidhuber in München zu handeln angab. Schmidhuber aber gehörte zu Bonhoeffers Vorgesetzten in der Münchener Abwehrstelle; er wurde im Oktober 1942 verhaftet. Schmidhuber wußte von dem Transport jener jüdischen Gruppe in die Schweiz und der Devisen- und Paßbeschaffung für sie; er war informiert über die Unabkömmlichkeitsstellung Bonhoeffers für die Abwehr. Weniger wußte er von dem, was dieser bei seinen Reisen im einzelnen tatsächlich getan hatte, denn darüber berichtete Bonhoeffer direkt im Berliner Hauptquartier am Tirpitz-Ufer. Dennoch wurden die Untersuchungen im Fall Schmidhuber auch auf die Berliner Zentrale ausgedehnt. Nun hing alles davon ab, ob der Chef des Oberkommandos des Heeres, Wilhelm Keitel, zuließ, daß dort untersucht und daß die Aussagegenehmigung für Abwehrtätigkeiten erteilt wurde. Wenn ja, bot sich dem Reichssicherheitshauptamt eine willkommene Gelegenheit, das Amt Canaris gründlich zu durchleuchten, Leute gegeneinander auszuspielen und die Unabhängigkeit der Abwehr endlich einzuschränken. Canaris war bereit, Dohnanyi, Bonhoeffer und Müller zu decken.

Aber durch Schmidhubers Vernehmungen waren ihre Namen nun in der Prinz-Albrecht-Straße genannt.

Während des Tauziehens mit Keitel um die Zustimmung, Abwehrleute zu verhören, Haussuchungen zu machen und gar Verhaftungen vorzunehmen, bereiteten sich die drei Gefährdeten auf alle Eventualitäten vor. Als ihnen gerade wieder einmal von Canaris versichert worden war, der Fall würde jetzt nicht an Gericht und Gestapo abgegeben werden, da geschah es.

Am 5. April 1943 versuchte Bonhoeffer vom Haus der Eltern aus, seine Schwester Christine von Dohnanyi anzurufen. Eine Männerstimme antwortete. Es schoß ihm durch den Kopf: das bedeutet Haussuchung oder Verhaftung. Die Eltern hielten gerade Mittagsschlaf. Er ging zu seiner Schwester Ursula Schleicher ins Nachbarhaus, um die Lage zu besprechen und sich vor der möglichen Verhaftung ein kräftiges Essen bereiten zu lassen. Dann überprüfte er zu Hause noch einmal die Unordnung im Schreibtisch auf die rechte Mischung von Theologie- und Tarn-Material[64] und ging zurück in die Wohnung der Schwester. Dort wartete er zusammen mit den Ihren und Eberhard Bethge. Gegen 16 Uhr bog der schwarze Mercedes in das Sträßchen ein. Kurz darauf kam der Vater herüber: zwei Männer möchten Dietrich Bonhoeffer sprechen. Nicht lange danach fuhren Oberstkriegsgerichtsrat Dr. Manfred Roeder und der Gestapo-Kriminalrat Sonderegger mit seinem Sohn davon. Dietrich Bonhoeffer sollte die Marienburger Allee nicht wiedersehen.

Im Januar dieses Jahres hatte sich Bonhoeffer mit Maria von Wedemeyer, der Enkelin der Frau Ruth von Kleist-Retzow auf Klein-Krössin in Hinterpommern, verlobt. Sie war achtzehn Jahre alt, sehr schön, klug und vital – eine Kusine von Fabian von Schlabrendorff, den Bonhoeffer bei Ewald von Kleist kennengelernt hatte. In der weiteren Familie wurde die Verlobung erst bekannt, als Bonhoeffer in das Tegeler Gefängnis eingeliefert worden war.

Es war nicht Bonhoeffers erste Liebe. Ende der zwanziger, Anfang der dreißiger Jahre hatte er schon einer Frau nahegestanden. Ihr hatte er noch von London aus jede seiner Predigten geschickt; auch sie war Theologin. Dann endete die Beziehung. Während der Bruderhauszeit wollte er niemanden an das Schicksal, wie er es für einen entschlossenen Mann der Kirche kommen sah, binden und selbst zum freien Einsatz fähig sein. Jetzt war vieles anders; nicht etwa ungefährlicher, im Gegenteil. Aber halb aus Trotz gegen die damals herrschende Untergangsstimmung und halb aus einer neuen, gereiften Offenheit für die erdnahen, guten Gaben von Liebe und Familie heraus hatte er seit dem Sommer 1942 seinen Gedanken und seiner Zuneigung freien Lauf gelassen und diese nach etlichen inneren Widerständen mit Freude akzeptiert, als er seine Wirkung auf die Partnerin verspürte.

Ein Jahr später schrieb Bonhoeffer in einem aus der Tegeler Zelle geschmuggelten Brief an Eberhard Bethge (22. Dezember 1943): *Du mußt übrigens wissen, daß ich noch keinen Augenblick meine Rückkehr 1939 bereut habe noch auch irgend etwas von dem, was dann folgte. Das geschah in voller Klarheit und mit bestem Gewissen. Ich will*

George Bell und Franz Hildebrandt vor St. Martin's in the Field, London, nach dem Fürbitte-Gottesdienst für Martin Niemöller, 1. Juli 1941

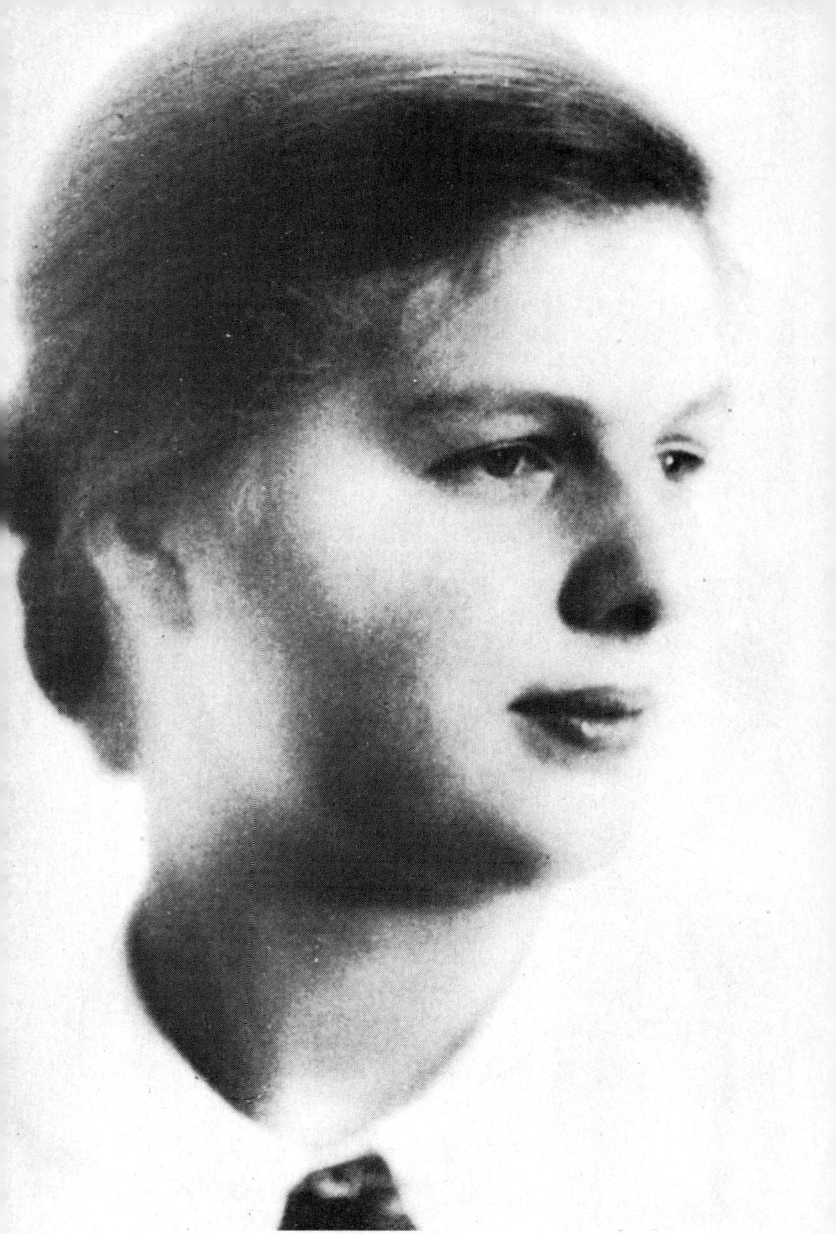

Maria von Wedemeyer, 1942

nichts von dem, was sich seit damals ereignet hat, aus meinem Leben streichen, weder das persönliche (– wäre ich anders verlobt? wärest Du verheiratet? außerdem Sigurdshof, Ostpreußen, Ettal, meine Krankheit unter Deiner Assistenz, die Berliner Zeit) noch das Allgemeine. Und daß ich jetzt sitze (erinnerst Du Dich an das Jahr, das ich Dir im vorigen Jahr prophezeite?), rechne ich auch zu dem Teilnehmen an dem Schicksal Deutschlands, zu dem ich entschlossen war. Ohne jeden Vorwurf denke ich an das Vergangene und ohne Vorwurf nehme ich das Gegenwärtige hin.[65]

Literarisch-theologisch ist der Weg in die Konspiration selbstverständlich nicht ergiebig gewesen: Konspiration erlaubt keine detaillierten Papiere, die gefunden und verräterisch werden können. Und Bonhoeffers Konspirieren wäre unernst gewesen, wenn er sich vorher ängstlich die

Mit Ruth von Kleist-Retzow in Kieckow (Pommern), Sommer 1942

Rechtfertigung dazu ausgeklügelt hätte. Rechtfertigung vor wem? Vor der Bekennenden Kirche? Vor der Ökumene? Was hätte sie dazu berechtigt, so etwas zu erwarten?

Dennoch gibt es schriftliche Anzeichen, welche die Wandlungen registrieren, die Bonhoeffer vom gewaltlosen Widerstand über den Ausweichversuch bis zur aktiven Verschwörung führten. Mit der Zeit war ihm die Schuldverstrickung durch das Nichtübernehmen von Verantwortung immer deutlicher und unerträglicher geworden. Deshalb stellte er sich dem, was Brüder, Schwäger und Freunde bis dahin ohne ihn übernahmen. Dieses Sich-Stellen veränderte allerdings seine Wirklichkeitswahrnehmung – und diese erneuerte eines Tages auch seine theologische Christuswahrnehmung.

Zunächst beobachtete er an sich selbst eine Erlebnis- und Sprachveränderung. Am 25. Juni 1942 schrieb er im Zug nach München an Eberhard Bethge: *Meine in der letzten Zeit doch stark auf dem weltlichen Sektor liegende Tätigkeit gibt immer wieder zu denken. Ich wundere mich, daß ich tagelang ohne die Bibel lebe und leben kann, – ich würde es dann nicht als Gehorsam, sondern als Autosuggestion empfinden, wenn ich mich dazu zwingen würde. Ich verstehe, daß solche Autosuggestion eine große Hilfe sein könnte und ist, aber ich fürchte, auf diese Weise eine echte Erfahrung zu verfälschen und letzten Endes doch nicht die echte Hilfe zu erfahren. Wenn ich dann wieder die Bibel aufschlage, ist sie mir neu und beglückend wie nie, und ich möchte nur einmal predigen . . . Aber ich spüre, wie in mir der Widerstand gegen alles «Religiöse» wächst. Oft bis zu einem instinktiven Abscheu – was sicher auch nicht gut ist. Ich bin keine religiöse Natur. Aber an Gott, an Christus muß ich immerfort denken, an Echtheit, an Leben, an Freiheit und Barmherzigkeit liegt mir sehr viel. Nur sind mir die religiösen Einkleidungen so unbehaglich. Verstehst Du? Das sind alles gar keine neuen Gedanken und Einsichten, aber da ich glaube, daß mir hier jetzt ein Knoten platzen soll, lasse ich den Dingen ihren Lauf und setze mich nicht zur Wehr. In diesem Sinne verstehe ich eben auch meine jetzige Tätigkeit auf dem weltlichen Sektor.*[66]

In die Arbeit an der *Ethik* sind dann Überlegungen eingeflossen, die ihren deutlichen Zusammenhang mit den Tageserfahrungen und mit ihrer Analyse verraten. So enthält sie ein Hitler-Porträt: *Der tyrannische Menschenverächter macht sich . . . das Gemeine des menschlichen Herzens leicht zunutze, indem er es nährt und ihm andere Namen gibt: Angst nennt er Verantwortung, Gier heißt Strebsamkeit, Unselbständigkeit wird zur Solidarität, Brutalität zum Herrentum. So wird im buhlerischen Umgang mit den Schwächen der Menschen das Gemeine immer neu erzeugt und vermehrt . . . Je gemeiner der Gemeine wird, ein desto willigeres und schmiegsameres Werkzeug ist er in der Hand der Tyrannen. Die kleine Zahl der Aufrechten wird mit Schmutz beworfen. Ihre Tapferkeit heißt Aufruhr, ihre Zucht Pharisäertum, ihre Selbständigkeit Willkür, ihr Herrentum Hochmut. Dem tyrannischen Menschenverächter gilt Popularität als Zeichen höchster Menschenliebe, sein heimliches, tiefes Mißtrauen gegen alle Menschen versteckt er hinter den gestohlenen Worten wahrer Gemeinschaft . . . Er hält die Menschen für dumm, und sie werden dumm; er hält sie für schwach, und sie werden schwach; er hält sie für verbrecherisch, und sie werden verbrecherisch ... Je mehr er aber in tiefer Menschenverachtung die Gunst der von ihm Verachteten sucht, desto gewisser erweckt er die Vergötterung seiner Person durch die Menge.*[67]

Genau in den Wochen, als sich Bonhoeffer im Herbst 1940 für die Konspiration entschied, beschrieb er die Schuldsituation seiner Kirche – weniger verschwommen, aber analytischer, konkreter, als es die Bekennende Kirche 1945 im berühmten Schuldbekenntnis von Stuttgart sagte – in der *Ethik*: *Die Kirche ... war stumm, wo sie hätte schreien müssen, weil das Blut der Unschuldigen zum Himmel schrie ... Sie hat mit angesehen, daß unter dem Deckmantel des Namens Christi Gewalt und Unrecht geschah ... Die Kirche bekennt, die willkürliche Anwendung brutaler Gewalt, das leibliche und seelische Leiden unzähliger Unschuldiger, Unterdrückung, Haß und Mord gesehen zu haben, ohne Wege gefunden zu haben, ihnen zu Hilfe zu eilen. Sie ist schuldig geworden am Leben der schwächsten und wehrlosesten Brüder Jesu Christi* (die Juden) *... Die Kirche bekennt, Beraubung und Ausbeutung der Armen, Bereicherung und Korruption der Starken stumm mit angesehen zu haben. Die Kirche bekennt, schuldig geworden zu sein an den Unzähligen, deren Leben durch Verleumdung, Denunziation, Ehrabschneidung vernichtet worden ist. Sie hat den Verleumder nicht seines Unrechts überführt und hat so den Verleumdeten seinem Geschick überlassen.*[68]

Und die Tat selbst beruht in der *Ethik* auf der Einsicht: *Die außerordentliche Notwendigkeit appelliert an die Freiheit der Verantwortlichen. Es gibt kein Gesetz, hinter dem der Verantwortliche hier Deckung suchen könnte. Es gibt daher auch kein Gesetz, das den Verantwortlichen angesichts solcher Notwendigkeit zu dieser oder jener Entscheidung zu zwingen vermöchte. Es gibt vielmehr angesichts dieser Situation nur den völligen Verzicht auf jedes Gesetz, verbunden auch mit dem offenen Eingeständnis, daß hier das Gesetz verletzt, durchbrochen wird, daß hier Not das Gebot bricht, verbunden also mit der gerade in dieser Durchbrechung anerkannten Gültigkeit des Gesetzes, und es gibt dann schließlich in diesem Verzicht auf jedes Gesetz, und so ganz allein, das Ausliefern der eigenen getroffenen Entscheidung und Tat an die göttliche Lenkung der Geschichte ... Wer sich in der Verantwortung der Schuld entziehen will, löst sich aus der letzten Wirklichkeit des menschlichen Daseins, löst sich aber auch aus dem lösenden Geheimnis des sündlosen Schuldtragens Jesu Christi und hat keinen Anteil an der göttlichen Rechtfertigung, die über diesem Ereignis liegt.*[69]

Neben solchen ethisch-theologischen Reflexionen ist nun aber auch eine seinerzeit sorgfältig in den Dachsparren des Elternhauses versteckte Arbeit erhalten, in der er die engsten Freunde in der Konspiration direkt ansprach. Ein Essay, den er ihnen Weihnachten 1942 widmete. Unter dem Titel *Nach zehn Jahren* beschreibt er die innere Lage der Verschwörergruppe. Da stehen Abschnitte wie *Civilcourage, Ohne Boden unter den Füßen, Vom Erfolg, Menschenverachtung, Qualitätsgefühl, Gefährdung und Tod, Sind wir noch brauchbar? ...*[70]

Unverkennbar ist die Sprache des gebildeten Theologen. Aber ebenso unverkennbar die nicht für den Fachkreis geschriebene, selbstkritische Zwiesprache innerhalb des Kreises dieser gezeichneten Männer. Aufgeschrieben nicht im Rückblick eines Danach, sondern mitten in der noch nicht absehbaren Situation. Dieser Essay gehört zu den Zeugnissen aus dem deutschen Widerstand, die man noch lesen wird, wenn dessen Verfassungs- und Organisationsentwürfe längst vergessen sind.

Nach einer Beschreibung des Versagens des Mannes der Vernunft, des ethischen Fanatismus, des Gewissens, der Pflicht heißt es im Abschnitt *Wer hält stand?*: *Auf der Flucht vor der öffentlichen Auseinandersetzung erreicht dieser oder jener die Freistatt einer privaten Tugendhaftigkeit. Aber er muß seine Augen und seinen Mund verschließen vor dem Unrecht um ihn herum. Nur auf Kosten eines Selbstbetruges kann er sich von der Befleckung durch verantwortliches Handeln rein erhalten. Bei allem, was er tut, wird ihn das, was er unterläßt, nicht zur Ruhe kommen lassen. Er wird entweder an dieser Unruhe zugrunde gehen oder zum heuchlerischsten aller Pharisäer werden.*

Im Abschnitt *Civilcourage* beschreibt Bonhoeffer wohl eine Strecke weit auch sich selbst, das heißt seinen Versuch einer totalen Nachfolge, nun aber in säkularen Kategorien: *... wer wollte dem Deutschen bestreiten, daß er im Gehorsam, im Auftrag, im Beruf immer wieder das Äußerste an Tapferkeit und Lebenseinsatz vollbracht hat? Seine Freiheit aber wahrte der Deutsche darin – und wo ist in der Welt leidenschaftlicher von der Freiheit gesprochen worden als in Deutschland von Luther bis zur Philosophie des Idealismus? –, daß er sich vom Eigenwillen zu befreien suchte im Dienst am Ganzen. Beruf und Freiheit galten ihm als zwei Seiten derselben Sache. Aber er hatte damit die Welt verkannt; er hatte nicht damit gerechnet, daß seine Bereitschaft zur Unterordnung, zum Lebenseinsatz für den Auftrag mißbraucht werden könnte zum Bösen. Geschah dies, wurde die Ausübung des Berufes selbst fragwürdig, dann mußten alle sittlichen Grundbegriffe des Deutschen ins Wanken geraten. Es mußte sich herausstellen, daß eine entscheidende Grunderkenntnis dem Deutschen noch fehlte: die von der Notwendigkeit der freien, verantwortlichen Tat auch gegen Beruf und Auftrag. An ihre Stelle trat einerseits verantwortungslose Skrupellosigkeit, andererseits selbstquälerische Skrupelhaftigkeit, die nie zur Tat führte. Civilcourage aber kann nur aus der freien Verantwortlichkeit des freien Mannes erwachsen. Die Deutschen fangen erst heute an zu entdecken, was freie Verantwortung heißt.*

Im Abschnitt *Von der Dummheit* erweist er sich, ohne viel von Verhaltensforschung zu wissen, als ein instinktsicherer Psychologe: *Dummheit ist ein gefährlicherer Feind als Bosheit. Gegen das Böse läßt sich protestieren, es läßt sich bloßstellen, es läßt sich notfalls mit Gewalt verhindern, das Böse trägt immer den Keim der Selbstzersetzung in sich, indem es mindestens ein Unbehagen im Menschen zurückläßt. Gegen die Dummheit sind wir wehrlos. Weder mit Protesten noch durch Gewalt läßt sich hier etwas ausrichten ... Daher ist dem Dummen gegenüber mehr Vorsicht geboten als gegenüber dem Bösen. Niemals werden wir mehr versuchen, den Dummen durch Gründe zu überzeugen; es ist sinnlos und gefährlich ... Bei genauerem Zusehen zeigt sich, daß je-*

de starke äußere Machtentfaltung, sei sie politischer oder religiöser Art, einen großen Teil der Menschen mit Dummheit schlägt . . .

Am Schluß steht Nüchternheit und Selbstkritik: *Wir sind stumme Zeugen böser Taten gewesen, wir sind mit vielen Wassern gewaschen, wir haben die Künste der Verstellung und der mehrdeutigen Rede gelernt, wir sind durch Erfahrung mißtrauisch gegen die Menschen geworden und mußten ihnen die Wahrheit und das freie Wort oft schuldig bleiben, wir sind durch unerträgliche Konflikte mürbe oder vielleicht sogar zynisch geworden – sind wir noch brauchbar?* [71]

Das Gefängnis Berlin-Tegel (x Bonhoeffers erste Zelle)

GEFÄNGNISSE

Das Leben in der Zelle des Gefängnisses im Berliner Vorort Tegel war zunächst qualvoll. Der Häftling, der nicht einmal eine Kasernenstube gewohnt war, entbehrte vor allem Seife und frische Wäsche sehr. Freiwilliges Alleinsein hatte er viel geübt. Aber dies war etwas anderes: Zunächst strenge Isolierhaft. Mit dem «Politischen» sollte kein Wächter sprechen. Was vermochten da gewohnte Exerzitien? Auf einem erhaltenen Zettel der ersten Wochen steht: *Selbstmord, nicht aus Schuldbewußtsein, sondern weil ich im Grunde schon tot bin, Schlußstrich, Fazit.*[72] Der athletisch gebaute Mann hatte immer gefürchtet, er könnte Mißhandlungen und Verhörtricks nicht aushalten und vielleicht Freunde preisgeben, die draußen weiter konspirierten. Mußte man sich dann nicht sogar umbringen?

Solche Notizen gab es in der Folgezeit nicht mehr. Aber ein gutes Vierteljahr hielt die Spannung an: Würde man die Konstruktionen, die früher mit Hans von Dohnanyi und Josef Müller abgestimmt worden waren, während der Verhöre durchhalten können? Familie und Freunde informierten die drei in verschiedenen Gefängnissen untergebrachten Häftlinge mit einem mühevollen, doch erfolgreichen Benach-

Bonhoeffers Zelle in Tegel

richtigungssystem über den jeweiligen Stand der Verhöre und die möglichen Intentionen der Verhörer.

Nach der Verhörszeit wurde die Tegeler Zelle zu einem Studierzimmer. Es gab Bücher, Schreibpapier, Zigaretten, Kaffee und Nahrungsmittel – alles herbeigeschafft von der Braut und der Familie. Auch die Wächter bekamen ihren Anteil an den Genüssen. Nachdem anfangs nur die zensierten, das heißt offiziell erlaubten Briefe (alle zehn Tage) aus dem Gefängnis gelangten, kamen später zusätzlich die geschmuggelten hinzu, aus denen nach dem Krieg der Band *Widerstand und Ergebung* zusammengestellt wurde.

Das Geschick der Familie, Kontakte zu nutzen und neue auszumachen, war unerschöpflich. Außerdem wirkte sich günstig aus, daß Tegel kein Gestapogefängnis – geschweige ein KZ –, sondern ein Militärgefängnis war und daß altgediente, front-untaugliche Soldaten den Wachtdienst versahen. Unter diesen gab es Sympathisanten für den interessanten, großzügigen Häftling, die alles für ihn taten, sobald die Isolierung gelockert war. Außerdem unterstanden die Berliner Militärgefängnisse einem Vetter von Bonhoeffers Mutter: Generalleutnant Paul von Hase, zu jener Zeit Stadtkommandant der Hauptstadt. Hase war selbst am Putsch beteiligt und wurde gleich nach dem 20. Juli 1944 ums Leben gebracht.

Als der Gefängniskommandant und seine Mannschaften erfuhren, welchen Verwandten dieser Häftling hatte, stieg dessen Ansehen. Halb amüsiert, halb angeekelt schilderte Bonhoeffer einmal die Wirkung einer Nachfrage des Generals: *Nach 12 Tagen wurden im Hause meine verwandtschaftlichen Verhältnisse bekannt. Es war für mich persönlich zwar sehr erleichternd, aber objektiv beschämend, wie sich von diesem Augenblick an alles veränderte. Ich wurde in eine geräumigere Zelle gelegt, diese wurde mir täglich durch einen Fourier gereinigt, es wurden mir beim Essenausteilen größere Rationen angeboten, was ich stets ablehnte, da diese nur auf Kosten der Mitgefangenen gegangen wären, der Hauptmann holte mich zum täglichen Spaziergang ab, was zur Folge hatte, daß das Personal mich mit ausgesuchter Höflichkeit behandelte, mehrere kamen sich sogar entschuldigen: sie hätten ja nicht gewußt etc. ... Peinlich!* Und drei Wochen vor dem Putschversuch: *Onkel Paul war da, ließ mich sofort herunterrufen und blieb* – Maetz und Maass (Gefängniskommandanten) waren dabei – *über 5 Stunden! Dabei ließ er 4 Flaschen Sekt auffahren, was in den Annalen dieses Hauses wohl einmalig ist.*[73] Aus dem Insassen der Isolierzelle war für die Gefängnisbeamten ein Starhäftling geworden.

Das war zwar sehr nützlich, änderte aber nichts an der Härte und Gefährlichkeit der Vernehmungen selbst, denn Keitel hatte nun einmal die gerichtliche Untersuchung freigegeben. Diese wurde in Gegenwart des Gestapobeamten Sonderegger durch den zur Luftwaffe gehörigen Oberstkriegsgerichtsrat Roeder durchgeführt. Roeder hatte davor den sogenannten Rote-Kapelle-Prozeß gegen die Luftwaffenangehörigen Arvid Harnack, dessen Frau Mildred und Harro Schulze-Boysen mit Todesurteilen abgeschlossen, und man brannte wohl darauf, auch der Wehrmacht, zu der die Abwehr gehörte, etwas anzuhängen.

Generalleutnant
Paul von Hase,
der Kommandant
von Berlin

Auf dem Tegeler
Gefängnishof.
Oberfeldwebel Napp
mit Bonhoeffer und vier
italienischen
Mitgefangenen
Spätsommer 1944

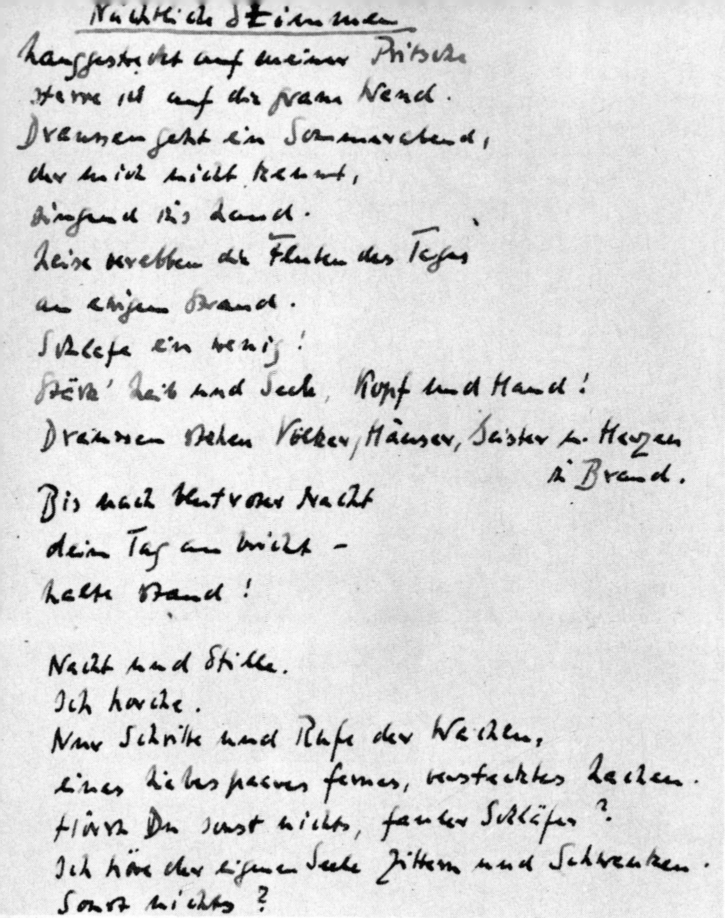

Nächtliche Stimmen

Langgestreckt auf meiner Pritsche
starre ich auf die graue Wand.
Draußen geht ein Sommerabend,
der mich nicht kennt,
singend ins Land.
Leise verebben die Fluten des Tages
an ewigen Strand.
Schlafe ein wenig!
Stärke Leib und Seele, Kopf und Hand!
Draußen stehen Völker, Häuser, Geister u. Herzen
in Brand.
Bis nach blutroter Nacht
dein Tag anbricht –
halte stand!

Nacht und Stille.
Ich horche.
Nur Schritte und Rufe der Wachen,
eines Liebespaares fernes, verstecktes Lachen.
Hörst Du sonst nichts, fauler Schläfer?
Ich höre der eigenen Seele Zittern und Schwanken.
Sonst nichts?

Das in Tegel entstandene Gedicht «Nächtliche Stimmen»

In erster Linie zielten die Ermittlungen auf Dohnanyi. Mit ihm als juristischem Kollegen hatte es der Oberstkriegsgerichtsrat allerdings keineswegs leicht; tatsächlich erreichte Roeder nicht sein Ziel. Bonhoeffer mußte wach mitspielen. Sein Vorteil war, daß er sich in den Materien, auf die es Roeder ankam, als ganz unerfahren ausgeben konnte. So versicherte er Roeder – gemäß seinen eigenen Aufzeichnungen aus der Zelle: *Ich bin der Letzte, der bestreiten wollte, daß mir in einer mir so fremden und neuartigen und an sich schon so komplizierten Tätigkeit, wie es der Abwehrdienst ist, Fehler unterlaufen sein könnten ... Es fällt mir tatsächlich oft schwer, wohl als einem, der das nicht gewöhnt ist, dem Tempo Ihrer Fragestellungen zu folgen.*[74]

Ehe die Dinge nach dem unglücklichen Ausgang des 20. Juli eine bö-

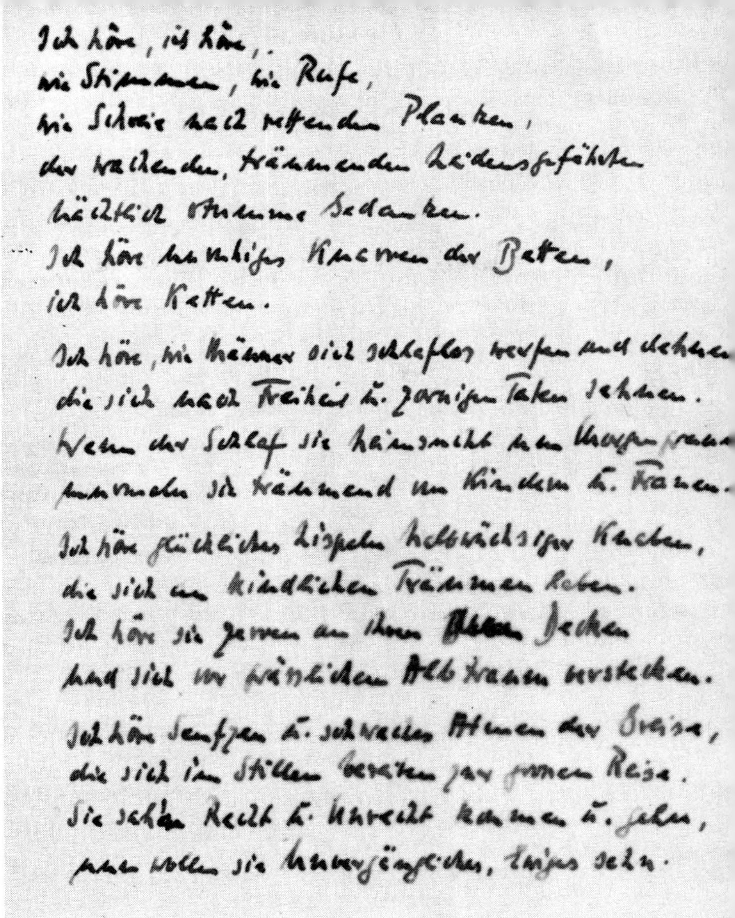

Ich höre, ich höre,
wie Stimmen, wie Rufe,
wie Schreie nach rettenden Planken,
der wachenden, träumenden Leidensgefährten
nächtlich stumme Gedanken.
Ich höre unruhiges Knarren der Betten,
ich höre Ketten.

Ich höre, wie Männer sich schlaflos werfen und dehnen,
die sich nach Freiheit u. zornigen Taten sehnen.
Wenn der Schlaf sie heimsucht im Morgengrauen
murmeln sie träumend von Kindern u. Frauen.

Ich höre glückliches Lispeln halbwüchsiger Knaben,
die sich an kindlichen Träumen laben.
Ich höre sie zerren an ihren Decken
und sich vor gräßlichen Albträumen verstecken.

Ich höre Seufzen u. schwaches Atmen der Greise,
die sich im Stillen bereiten zur großen Reise.
Sie sahen Recht u. Unrecht kommen u. gehen,
nun wollen sie Unvergängliches, Ewiges sehn.

se Wendung nahmen, rechnete sich Bonhoeffer mit Recht immer wieder Chancen aus, daß ein Prozeß gut auslaufen müßte. Alles schien abgedeckt. Die Briefe aus Tegel haben deshalb einen oft überraschend optimistischen Ton.

Das Verfahren gegen Bonhoeffer gliederte sich während der Tegeler Zeit in drei unterschiedliche Abschnitte.

Die mit der Anklageerhebung endende erste Phase der Verhöre durch Roeder dauerte vom April bis zum Juli 1943.

Die Ermittlungen umfaßten vier Komplexe: 1. die UK-Stellung (uk = zum normalen Militärdienst unabkömmlich) für die Abwehr, die es Bonhoeffer ermöglicht hätte, der Aufsicht durch die Staatspolizei zu entgehen und weiter kirchlich zu arbeiten; 2. das «Unternehmen 7», das heißt den Transport jener jüdischen Gruppe (anfangs waren es sieben Teilnehmer) in die Schweiz, an dem auch eine von Bonhoeffer eingeschleuste Mitarbeiterin der Bekennenden Kirche teilgenommen hatte; 3. Auslandsreisen, die wenig mit militärischer Abwehr zu tun hätten; 4. Vermittlung anderer Amtsträger der Bekennenden Kirche, wie Niesel (der im Bruderrat eine wichtige Rolle spielte), Bethge und anderer an die Abwehr.

Dietrich Bonhoeffer hat in der Zelle eine Fülle von Entwürfen und Aufzeichnungen zu diesen Verhören gemacht, die erhalten sind.[75] Danach verwies er oft mit Erfolg auf die Verantwortlichkeit von Canaris – das war so ausgemacht. Aber er verwies auch auf seine Staatsfrommheit und verwendete dabei Zitate aus seinen theologischen Arbeiten – das forderte die Tarnung. So bezieht er sich zum Beispiel auf die *Nachfolge*: *Wenn man meine Auffassung von der christlichen Gehorsamspflicht gegenüber der Obrigkeit etwas kennen lernen will, so sollte man in meinem Buch «Nachfolge» meine Auslegung von Römer 13 nachlesen. Der Appell an die Unterwerfung unter den Willen und die Forderung der Obrigkeit um des christlichen Gewissens willen, ist wohl selten stärker ausgesprochen worden als dort.*[76]

Die konspirativen Fakten aufzudecken war den Ermittlern mißlungen; Tatbestände von Hoch- oder Landesverrat konnten nicht in die Anklageerhebung eingehen. Übrigblieb eine Anklage wegen «Wehrkraftzersetzung» durch die UK-Stellungen. Das war angesichts der scharfen Gestellungsmaßnahmen nach der Niederlage von Stalingrad schlimm genug – aber bei weitem nicht so gravierend wie Konspiration. Und die UK-Stellungen zu begründen würde dann eine Sache von Canaris, Oster und Dohnanyi sein. Die waren bereit und vorbereitet.

Eines hatten die Nationalsozialisten – ohne es zu ahnen – freilich erreicht: Das Büro Oster–Dohnanyi, das in der Abwehr bis Anfang 1943 Fäden zwischen den Verschwörern – vor allem zu General Beck – spann, war plötzlich kaltgestellt. Seine Funktionen gingen jedoch über an die Zentrale des Heimatheeres, zu General Olbricht und bei diesem zu Oberst Stauffenberg.

Die zweite Phase von Bonhoeffers Haft in Tegel wurde durch die Vorbereitung auf den Prozeß bestimmt. Sie reichte bis zum April 1944. Immer wieder wurden neue Termine anberaumt. Jedesmal bereitete er sich aufs neue vor. Er litt unter den Verschiebungen. Aber der Familie und den Freunden ging es vor allem darum, Roeder aus dem Verfahren herauszuziehen. Im Winter gelang dies durch Beförderung. Nun veränderte sich der Verfahrensstil merklich: Der Nachfolger Kutzner erklärte schließlich, er ermittle nicht weiter in der Sache und erhebe jetzt keine Anklage. Bonhoeffers Freunde hielten das für einen großen Erfolg. Aber es gelang nicht, Keitel dazu zu bewegen, das Reichssicherheitshauptamt aus dem Fall auszuschalten. So ließen die Freunde den Häftling im April 1944 wissen, daß jetzt kein Prozeß käme; man könne nichts anderes tun, als die Sache «versanden» zu lassen (so lautete das Stichwort) – bis zum Putsch.

In der dritten Phase mußte Bonhoeffer also den Wunsch nach der prozessualen Klärung seines Falles fallenlassen. Tatsächlich bedeutete ein Wiederaufleben eines Interesses bei Himmler, vielleicht sogar bei Hitler, ein unkalkulierbares Risiko. Deshalb stellte er sich aufs Warten ein, und es begann eine andere, die fruchtbarste Arbeitsphase in der Zelle. Es gibt Theologen, die den ersten großen theologischen Brief Bonhoeffers vom 30. April 1944 [77] für den Beginn einer neuen theologischen Epoche halten.

Vom Scheitern des Putschs erfuhr er noch am Abend des 20. Juli. Seit längerem hatte er, als Helfer bei Luftalarm eingeteilt, im Gefängnis Zugang zum Krankenrevier und hörte dort Nachrichten, ja, manchmal sogar BBC. Am 21. Juli gab er alle Hoffnung auf und rechnete mit dem Schlimmsten.

Er suchte nach einer neuen Einstellung, wobei er mehr an die draußen dachte als an sich: wie sollten sie mit dieser Niederlage und Hitlers neuem Sieg fertig werden? Am 21. Juli schrieb er an Eberhard Bethge (der damals an der italienischen Front war) einen Brief, der unversehens zu einer Rechenschaft über sein Leben und seine Experimente wurde:

Ich denke, Du wirst in Gedanken so oft und viel hier bei uns sein, daß Du Dich über jedes Lebenszeichen freust, auch wenn das theologische Gespräch einmal ruht. Zwar beschäftigen mich die theologischen Gedanken unablässig, aber es kommen dann doch auch Stunden, in denen man sich mit den unreflektierten Lebens- und Glaubensvorstellungen genügen läßt. Dann freut man sich ganz einfach an den Losungen des Tages . . . wie ich mich zum Beispiel an der gestrigen und heutigen besonders freue, und man kehrt zu den schönen Paul-Gerhardt-Liedern zurück und ist froh über diesen Besitz.

Ich habe in den letzten Jahren mehr und mehr die tiefe Diesseitigkeit des Christentums kennen und verstehen gelernt; nicht ein homo religiosus, sondern ein Mensch schlechthin ist der Christ, wie Jesus – im Unterschied wohl zu Johannes dem Täufer – Mensch war. Nicht die platte und banale Diesseitigkeit der Aufgeklärten, der Betriebsamen, der Bequemen oder der Lasziven, sondern die tiefe Diesseitigkeit, die voller Zucht ist und in der die Erkenntnis des Todes und der Auferstehung immer gegenwärtig ist, meine ich. Ich glaube, daß Luther in dieser Diesseitigkeit gelebt hat.

Ich erinnere mich eines Gesprächs, das ich vor 13 Jahren in Amerika mit einem französischen jungen Pfarrer hatte. Wir hatten uns ganz einfach die Frage gestellt, was wir mit unserem Leben eigentlich wollten. Da sagte er: ich möchte ein Heiliger werden – und ich halte für möglich, daß er es geworden ist –; das beeindruckte mich damals sehr. Trotzdem widersprach ich ihm und sagte ungefähr: ich möchte glauben lernen. Lange Zeit habe ich die Tiefe dieses Gegensatzes nicht verstanden. Ich dachte, ich könnte glauben lernen, indem ich selbst so etwas wie ein heiliges Leben zu führen versuchte. Als das Ende dieses Weges schrieb ich wohl die «Nachfolge». Heute sehe ich die Gefahren dieses Buches, zu dem ich allerdings nach wie vor stehe, deutlich.

Später erfuhr ich und ich erfahre es bis zur Stunde, daß man erst in der vollen Diesseitigkeit des Lebens glauben lernt. Wenn man völlig darauf verzichtet hat, aus sich selbst etwas zu machen – sei es einen Heiligen oder einen bekehrten Sünder oder einen Kirchenmann (eine sogenannte priesterliche Gestalt!), einen Gerechten oder einen Ungerechten, einen Kranken oder einen Gesunden – und dies nenne ich Diesseitigkeit, nämlich in der Fülle der Aufgaben, Fragen, Erfolge und Mißerfolge, Erfahrungen und Ratlosigkeiten leben, – dann wirft man sich Gott ganz in die Arme, dann nimmt man nicht mehr die eigenen Leiden, sondern die Leiden Gottes in der Welt ernst, dann wacht man mit Christus in Gethsemane, und ich denke, das ist Glaube, das ist metanoia; und so wird man ein Mensch, ein Christ. (Vergl. Jeremia 45!) . . . Ich bin dankbar, daß ich das habe erkennen dürfen, und ich weiß, daß ich es nur auf dem Wege habe erkennen können, den ich nun einmal gegangen bin. Darum denke ich dankbar und friedlich an Vergangenes und Gegenwärtiges.[78]

Nach dieser sehr persönlichen Rechenschaft schrieb er einige Tage später ein Gedicht. Inzwischen hatte er von der Erschießung Stauffenbergs und seiner Kameraden im Hof des Bendlerblocks gehört (unter ihnen war auch der Bruder seines Freundes aus der einstigen Konfirmantenstunde Werner von Haeften) und kurz danach vom Tod des Onkels Paul von Hase.

Stationen auf dem Wege zur Freiheit

Tat
Nicht das Beliebige, sondern das Rechte tun und wagen,
nicht im Möglichen schweben, das Wirkliche tapfer ergreifen,
nicht in der Flucht der Gedanken, allein in der Tat ist die Freiheit.
Tritt aus ängstlichem Zögern heraus in den Sturm des Geschehens,
nur von Gottes Gebot und deinem Glauben getragen,
und die Freiheit wird deinen Geist jauchzend empfangen.
Leiden
Wunderbare Verwandlung. Die starken, tätigen Hände
sind dir gebunden. Ohnmächtig, einsam siehst du das Ende
deiner Tat. Doch atmest du auf und legst das Rechte
still und getrost in stärkere Hände und gibst dich zufrieden.
Nur einen Augenblick berührtest du selig die Freiheit,
dann übergabst du sie Gott, damit er sie herrlich vollende.
Tod
Komm nun, höchstes Fest auf dem Wege zur ewigen Freiheit,
Tod, leg nieder beschwerliche Ketten und Mauern
unsres vergänglichen Leibes und unsrer verblendeten Seele,
daß wir endlich erblicken, was hier uns zu sehen mißgönnt ist.
Freiheit, dich suchten wir lange in Zucht und in Tat und in Leiden.
Sterbend erkennen wir nun im Angesicht Gottes dich selbst.[79]

Das erwartete Gestapokommando kam noch nicht. Tage vergingen, Wochen.

Im Führerhauptquartier: Hitler, Göring, Jodl, Keitel

Zunächst ließ Hitler die unmittelbar im Zusammenhang mit dem 20. Juli Ergriffenen sofort exekutieren, ehe durch sie noch weitere Kreise der Verschwörung aufgedeckt werden konnten. Jetzt faßte Bonhoeffer in Tegel den bislang nur vage bedachten Plan ins Auge, die Flucht zu versuchen und unterzutauchen. Sein Wächter, Unteroffizier Knobloch, Arbeiter aus dem Berliner Norden, der auch die heimliche Korrespondenz weitergeleitet hatte, war bereit, mit seinem als Monteur verkleideten Häftling das Weite zu suchen. Am 24. September fuhren Schleichers mit ihrer Tochter Renate (jetzt verheiratet mit Eberhard Bethge) auf Bonhoeffers Anweisung nach Berlin-Niederschönhausen und gaben dort Monteurkleidung, Lebensmittelkarten und Geld in einem Schrebergarten ab. Eine Woche danach aber wurden Klaus Bonhoeffer und Rüdiger Schleicher wegen ihrer Beteiligung am Komplott verhaftet; Eberhard Bethge Ende Oktober. Dietrich Bonhoeffer ließ daraufhin den Fluchtplan fallen, um Bruder, Schwager, Eltern und Braut nicht zusätzlich zu gefährden.

Rüdiger Schleicher (1895–1945)

Klaus Bonhoeffer (1901–45)

Inzwischen hatte die Gestapo nämlich einen ihrer wichtigsten Funde gemacht: Im verlagerten Hauptquartier in Zossen bei Berlin entdeckte man in einem Panzerschrank Akten der Abwehr, die unter anderem bewiesen, daß auch Oster, Dohnanyi und Bonhoeffer in die Verschwörung verwickelt waren, und zwar schon seit 1938. Hitler war außer sich. Er widerrief den Befehl zur sofortigen Liquidierung der Konspiratoren, um die weitere Verzweigung der Verschwörung sorgfältiger ausforschen zu lassen. Das erklärt das lange Hinauszögern der Exekution von Carl Goerdeler und vielen anderen, darunter auch Bonhoeffer und Dohnanyi.

Am Sonntag, 8. Oktober 1944, erschien das Gestapokommando und holte Bonhoeffer aus dem Tegeler Militärgefängnis herüber in das Kellergefängnis der Prinz-Albrecht-Straße.

Im Reichssicherheitshauptamt setzte eine neue Serie von Verhören ein, die sich in jeder Hinsicht von den ersten unterschieden.

Geheimbotschaften und Besucher erreichten Bonhoeffer nicht mehr. Die Helfer von einst, F. J. Perels, der Heeresrichter Sack – während der Tegeler Verhöre der wichtigste Ratgeber und Manipulierer im Apparat der Militärjustiz –, Canaris und Oster saßen nun selber wenige Zellen entfernt, grausamen Verhören unterworfen. Zudem bestand keine Hoffnung auf einen Umsturz mehr, die das Durchhalten erleichtert hätte.

Dennoch, auch hier gab es noch Hoffnungen. Der verhörende Kommissar Huppenkothen hatte nämlich nicht nur die Aufgabe, die Verschwörung auszukundschaften. Er sollte auch eventuell noch unerkundete Gebiete ausländischer – in Bonhoeffers Fall ökumenischer – Beziehungen erforschen, die ein effektiver Geheimdienst nutzen konnte, denn der militärische Abwehrdienst war nun endgültig dem Reichssicherheitshauptamt eingegliedert. Infolgedessen sammelte Huppenkothen einerseits Verschwörungsdaten für die Komplettierung der unter höchster Geheimhaltungsstufe stehenden «Führervorlage» über die Zossener, das heißt über die durch den Aktenfund Neubelasteten; andererseits speicherte er Wissenswertes über Bonhoeffers kirchliche Auslandsbeziehungen – und diese Verhöre verliefen in urbaneren Formen.

Um solche Erhebungen geht es in einem Brief von Ernst Kaltenbrunner, dem Chef des Reichssicherheitshauptamtes, an den Außenminister Joachim von Ribbentrop. Darin wird über das, was Kaltenbrunner für Neuigkeiten aus dem englischen Bereich hielt (die politischen Ansichten von Bell, Sir Stafford Cripps, Lord Beaverbrook u. a.), und was sonst man vom Häftling erfahren habe, berichtet.[80]

Im Keller des RSHA kam es auf den Wegen zum Duschraum auch zu flüchtigen Begegnungen mit Freunden wie Hans von Dohnanyi, Fabian von Schlabrendorff, Hans Böhm, Carl Goerdeler und anderen. Überlebende wie Schlabrendorff berichten, Bonhoeffer habe auch dort versichert, der volle Umfang ihrer Konspiration sei immer noch nicht bekannt.

Bonhoeffer galt nun jedenfalls als ein so wichtiger Mann, daß er derjenigen Gruppe zugewiesen wurde, die für weitere Verhöre aufgespart werden sollte. Deshalb wurde er einem Sondertransport zugeteilt, der am 7. Februar 1945 prominente Häftlinge in das Konzentrationslager Buchenwald brachte, nachdem mehrere Tagesluftangriffe die Prinz-Albrecht-Straße schwer in Mitleidenschaft gezogen hatten.

In Berlin waren inzwischen Klaus Bonhoeffer und Rüdiger Schleicher von Roland Freislers Volksgerichtshof zum Tode verurteilt, ihre Exekution aber war noch aufgeschoben worden. In Buchenwald wurde Dietrich Bonhoeffer in einem Sonderkeller außerhalb des Lagers gefangengehalten, zusammen mit Josef Müller, Hermann Pünder, General Alexander von Falkenhausen, Molotows Neffe W. Kokorin, den englischen Offizieren Payne Best, Hugh Falconer und anderen. Die Zelle teilte er mit General von Rabenau, der noch nach seiner Pensionierung Theologie studiert hatte. Am 1. April 1945 hörten die Häftlinge in ihrem Keller zum erstenmal Geschützdonner von der Werra her. Am 3. April verlud man sie und brachte sie nach Regensburg und Schönberg im Bayrischen Wald. Falconer berichtete später: Bonhoeffer «tat viel, um die schwächeren Brüder von Sorgen und Depressionen abzubringen. Er verbrachte viel Zeit mit Wasiliew Kokorin, der, wiewohl Atheist, ein angenehmer junger Mann war. Ich glaube, Dietrich teilte seine Zeit mit ihm so ein, daß er ihm die Grundlage des Christentums einprägte und selbst von ihm russisch lernte.»[81]

Am 5. April 1945 fiel während der Mittagsbesprechung bei Hitler die Entscheidung: Die «Zossen»-Gruppe, zu der unter anderen Oster, Canaris, Dohnanyi und eben auch Bonhoeffer gehörten, sollte nicht überleben. Am 6. April fuhr Huppenkothen zu einem Standgericht über Dohnanyi in das KZ Sachsenhausen. Am 7. April begab er sich in das KZ

KZ Flossenbürg

Flossenbürg. Der SS-Richter Thorbeck wurde aus Nürnberg dorthin beordert. Am 8. April und in der folgenden Nacht wurden Canaris, Oster, Sack, Gehre und Strünck standgerichtlich zum Tode verurteilt. Wo war Bonhoeffer? Es stellte sich heraus, daß er versehentlich in einen südöstlichen Transport geraten war. Er mußte geholt werden.

Am Weißen Sonntag, den 8. April, hatte er im Schulraum von Schönberg den Mithäftlingen eine Andacht gehalten. Gegen Mittag standen plötzlich Huppenkothens Abgesandte in der Tür, riefen ihn allein heraus und transportierten ihn 150 Kilometer nordwärts. Nachts in Flossenbürg angelangt, wurde noch kurz verhandelt. Im Morgengrauen des 9. April wurden Bonhoeffer und seine Freunde erhängt.

Hans von Dohnanyi ist wahrscheinlich ebenfalls am 9. April in Sachsenhausen umgebracht worden. Klaus Bonhoeffer und Rüdiger Schleicher wurden am 23. April nachts aus ihrem Gefängnis in der Lehrter Straße geholt und von einem Rollkommando der SS erschossen. Eberhard Bethge, dessen Prozeß im Mai stattfinden sollte, wurde durch die Ankunft der Sowjets in Berlin befreit.

Bischof Bell hat berichtet, daß Payne Best ihm Grüße von Dietrich Bonhoeffer überbrachte. Als die Wächter in Schönberg erschienen, habe Bonhoeffer zu Best gesagt: *Sagen Sie dem Bischof, dies ist für mich das Ende, aber auch der Anfang. Mit ihm* (dem Bischof) *glaube ich an unsere universale christliche Bruderschaft, die sich über alle nationalen Interessen erhebt, und glaube daran, daß uns der Sieg gehört.*[82]

Aus Bonhoeffers Gefängniszeit stammen eine große Anzahl von Briefen und Aufzeichnungen.

Außer den zensierten Briefen an die Eltern, welche zuerst die einzige Verbindung nach außen darstellten, existieren die Briefe an die Braut (offizielle und später auch geschmuggelte), die bis heute unter Verschluß sind. Es gibt außerdem Zettel mit Notizen zu den Verhören und Briefentwürfe an den Untersuchungsführer Roeder sowie literarische Texte theologischer und dichterischer Art (u. a. Fragmente eines Dramen- und eines Romanversuchs), Memoranden zur Haft- und Bombenalarm-Situation, die der Kommandant und Paul von Hase lesen sollten, Predigten zu Trauungen und Taufen, Gebete und Andachten. Und schließlich die Fülle der geschmuggelten Briefe an Eberhard Bethge, welche die theologischen Partien enthalten, die soviel Aufsehen in der Welt erregt haben.

Der Kontaktmann für die geschmuggelten Briefe war jener freundliche Unteroffizier Knobloch; er ist leider seit dem sowjetischen Sturm auf Berlin verschollen. Die Gestapo entdeckte diesen Kontakt nicht. Nur die letzten Briefe Bonhoeffers vom September 1944 vernichtete Bethge, bevor er selbst verhaftet wurde. Der größte Teil der Korrespondenz, die ja erst einsetzte, nachdem Roeders Untersuchung beendet und die Gefahr einer Einbeziehung des Freundes in das Verfahren gering geworden war, ist jedoch erhalten geblieben.

Sieben Jahre später wurde die erste Auswahl von Briefen veröffentlicht. Sie gewährt einen Einblick in die überaus reiche Gedankenwelt eines sensiblen, kämpfenden und immer noch genußfähigen großen Christen in der Enge einer Gefängniszelle. Politische Häftlinge haben in der ganzen Welt sehr ähnliche Reaktionsweisen gezeigt: zuerst das Bemühen, sich selbst und den Angehörigen zu versichern, wie erstaunlich gut man das Ungewohnte bestehe.[83] Aber dann kommt in den ersten geschmuggelten Briefen an den Freund auch die andere, die dunkle Seite zum Ausdruck. So heißt es am 15. Dezember 1943: ... *schließlich würde ich anfangen Dir zu erzählen, z. B. daß es trotz allem, was ich so geschrieben habe, hier scheußlich ist, daß mich die grauenhaften Eindrükke oft bis in die Nacht verfolgen und daß ich sie nur durch Aufsagen unzähliger Liedverse verwinden kann und daß dann das Aufwachen manchmal mit einem Seufzer statt mit einem Lob Gottes beginnt. An die physischen Entbehrungen gewöhnt man sich, ja man lebt monatelang sozusagen leiblos – fast zu sehr –, an die psychischen Belastungen gewöhnt man sich nicht, im Gegenteil; ich habe das Gefühl, ich werde durch das, was ich sehe und höre, um Jahre älter und die Welt wird mir oft zum Ekel und zur Last.*[84]

Maria von Wedemeyer, die Verlobte, wird ihm zur Quelle von Qual und Freude; an den Freund schreibt er am 15. Dezember 1943: *Nun sind wir fast 1 Jahr verlobt und haben uns noch nie 1 Stunde allein gesehen! Ist das nicht ein Wahnsinn ... wir müssen uns über Dinge unterhalten und schreiben, die uns beiden im Grunde nicht die wichtigsten sind, wir sitzen alle Monate eine Stunde brav wie auf der Schulbank nebeneinander und werden wieder auseinandergerissen; wir wissen so gut wie nichts voneinander, haben nichts miteinander erlebt, denn auch diese Monate erleben wir ja getrennt. Maria hält mich für einen Ausbund an*

Tugend, Musterhaftigkeit und Christlichkeit, und ich muß, um ihr Beruhigung zu verschaffen, Briefe schreiben wie ein alter Märtyrer, und ihr Bild von mir wird dadurch immer falscher. Ist das nicht für sie eine unmögliche Situation? Dabei hält sie sie mit einer so großartigen Selbstverständlichkeit durch. Im letzten Brief an Maria von Wedemeyer, zu Weihnachten 1944, überbracht vom Kommissar Sonderegger, steht: *Dies werden ruhige Tage in unseren Elternhäusern werden. Aber ich habe die Erfahrung gemacht – und zwar immer wieder –, daß je stiller es um mich herum ist, ich um so klarer die Verbindung mit Dir spüre. Es ist als ob die Seele in der Einsamkeit Sinne entwickelt, die wir im täglichen Leben kaum kennen. Deshalb habe ich mich keinen Moment einsam oder verlassen gefühlt ... Du mußt nicht glauben, daß ich unglücklich wäre. Was ist Glück, was Unglück? Es hängt so wenig von den Umständen ab. Es hängt wirklich allein daran, was im Inneren einer Person passiert. Ich bin für jeden Tag dankbar, den ich Dich habe, und das macht mich glücklich.*[85]

In einem Brief am 18. Dezember 1943 an den Freund, der ihm nach einem Urlaub vom Militär von den Skrupeln geschrieben hatte, Todesfurcht und Lebenstrieb mit den Erfordernissen der Frömmigkeit zu vereinbaren, antwortete er: *Ich glaube, wir sollen Gott in unserem L e b e n und in dem, was er uns an Gutem gibt, so lieben und solches Vertrauen zu ihm fassen, daß wir, wenn die Zeit kommt und da ist – aber wirklich erst dann! – auch mit Liebe, Vertrauen und Freude zu ihm gehen. Aber – um es deutlicher zu sagen – daß ein Mensch in den Armen seiner Frau sich nach dem Jenseits sehnen soll, das ist milde gesagt eine Geschmacklosigkeit und jedenfalls nicht Gottes Wille. Man soll Gott in dem finden und lieben, was er uns gerade gibt; wenn es Gott gefällt, uns ein überwältigendes irdisches Glück genießen zu lassen, dann soll man nicht frömmer sein als Gott und dieses Glück durch übermütige Gedanken und Herausforderungen und durch eine wildgewordene religiöse Fantasie, die an dem, was Gott gibt, nie genug haben kann, dieses Glück wurmstichig werden lassen. Gott wird es dem, der ihn in seinem irdischen Glück findet und ihm dankt, schon nicht an Stunden fehlen lassen, in denen er daran erinnert wird, daß alles Irdische nur etwas Vorläufiges ist und daß es gut ist, sein Herz an die Ewigkeit zu gewöhnen und schließlich werden auch die Stunden nicht ausbleiben, in denen wir aufrichtig sagen können «ich wollt, daß ich daheime wär». Aber dies alles hat seine Zeit und die Hauptsache ist, daß man mit Gott Schritt hält und ihm nicht immer schon einige Schritte vorauseilt, allerdings auch keinen Schritt hinter ihm zurückbleibt. Es ist Übermut, alles auf einmal haben zu wollen, das Glück der Ehe und das Kreuz und das himmlische Jerusalem.*[86]

Aus dem eigenen Trennungserlebnis heraus entwickelte er neue Variationen zum Thema der Sehnsucht, des langen und schmerzlichen Spannungsbogens, der Fähigkeit, mehrdimensional zu leben, und der Notwendigkeit, sich der Gegenwart nicht zu versagen. Immer wieder versetzt er sich in die Situation des Freundes an der italienischen Front. Am 18. Dezember 1943: *Manche Menschen sind in ihrem Leben von früh auf schon so durcheinandergeschüttelt worden, daß sie sich eine große*

Flossenbürg: Reste der Hinrichtungsstätte

Sehnsucht sozusagen gar nicht mehr leisten, sie haben sich abgewöhnt, den inneren Spannungsbogen über lange Zeit hinaus auszudehnen und schaffen sich kurzfristigere und leichter zu befriedigende Freuden als Ersatz. Das ist das traurige Schicksal der proletarischen Schichten und der Ruin aller geistigen Fruchtbarkeit ... Der Ersatz widert uns an. Wir müssen einfach warten und warten, wir müssen an der Trennung unsäglich leiden, wir müssen Sehnsucht empfinden fast bis zum Krankwerden – und nur dadurch halten wir Gemeinschaft mit den Menschen, die wir lieben, aufrecht, wenn auch auf eine sehr schmerzhafte Weise ... Ich beobachte hier immer wieder, daß es so wenige Menschen gibt, die viele Dinge gleichzeitig in sich beherbergen können; wenn Flieger kommen, sind sie nur Angst; wenn es etwas Gutes zu essen gibt, sind sie nur Gier; wenn ihnen ein Wunsch fehlschlägt, sind sie nur verzweifelt; wenn ihnen etwas gelingt, sehen sie nichts anderes mehr. Sie gehen an der Fülle des Lebens und an der Ganzheit einer eigenen Existenz vorbei; alles Objektive und Subjektive löst sich für sie in Bruchstücke auf. Demgegenüber stellt uns das Christentum in viele verschiedene Dimensionen des Lebens zu gleicher Zeit; wir beherbergen gewissermaßen Gott und die ganze Welt in uns. Wir weinen mit den Weinenden und freuen uns zugleich mit den Fröhlichen; wir bangen ... um unser Leben, aber wir müssen doch zugleich Gedanken denken, die uns viel wichtiger sind,

(Auf"Eichberger Papierfabrik 4b" Konzeptpapier)

Der Alarm am 26.Nov. hat im Revier des WUG Tegel zu folgenden
Erfahrungen geführt. Bereits durch eine der ersten in der Nähe
fallenden Bomben wurden sämtliche Fenster und Verdunklungsvorric
tungen des Reviers zerstört, stürzten aus dem Arzneischrank meh-
rere Gefässe mit Arzeneien, der Fussboden war mit Staub und Trüm
mern bedeckt, der Versuch, die Verdunkelung behelfsmässig instan
zu setzen, scheiterte, da immer neue Bomben-einschläge fol
ten. Als kurz danach in etwa 25 m Entfernung eine Sprengbombe od
Luftmine die Gefängnismauer einriss, Türen, Fenster und Dachbe-
deckung des WUG schwer beschädigte, erhob sich aus den Zellen de
eingeschlossenen U.-Gefangenen ein wildes An-die-Türen-schlagen,
Schreien, um Hilfe rufen von Verwundeten. Bei dem allgemeinen Lä
der dadurch entstand, abgesehen von den Bombeneinschlägen war es
kaum möglich, festzustellen, wo wirklich Verwundete waren. Die
Revierbelegschaft öffnete einige Zellen und stellte kleine Ver-
wundungen fest, eine sofortige Behandlung aber war unmöglich, da
das Revier ohne Beleuchtung war, und wäre auch bei schwersten Ve
wundungen nicht möglich gewesen. Erst nach dem Beschuss konnten
die Verdunkelung instandgesetzt und mit der Behandlung begonnen
werden. Eine noch schwerere Beschädigung des Reviers würde eine
Behandlung fast ganz unmöglich machen, da die an zwei anderen St
len des Hauses deponierten Verbandskästen für eine grosse Zahl v
Verletzten nicht ausreichen würde.
Daraus ergeben sich folgende Konsequenzen: 1.) soll eine ärztl
Versorgung in Ernstfällen gewährleistet sein, so ist die Anlage
eines Sanitätsbunkers erforderlich. 2.) Sanitätsdienstgrade unte
den U-Häftlingen sind bei Alarm nach Möglichkeit zur Dienstleist
im Revier auszuschliessen. 3.) es sind Massnahmen erforderlich,
die es ermöglichen, die Verwundeten sofort ausfindig zu machen,
was bei dem gegenwärtigen Zustand nicht möglich ist. Wenn die
Sicherung des Lebens der leitende Gesichtspunkt ist, so wäre ein
möglichst weitgehende Ausschliessung der U-Häftlinge aus ihren
Zellen und die sofortige Herstellung von Splittergräben erforder
lich. 4.) Auch die ungünstige seelische Auswirkung auf eines Sol-
daten, der als Untersuchungshäftling wegen eines vielleicht nur
geringen Deliktes eingeschlossen in der Zelle ohne Aussicht auf
rechtzeitige Hilfeleistung einen schweren Luftangriff über sich
ergehen lassen muss, darf in ihrer Bedeutung nicht unterschätzt
werden....

Bonhoeffers Memorandum zu einem Luftalarm

als unser Leben ... Welch eine Befreiung ist es, d e n k e n zu können und in Gedanken die Mehrdimensionalität aufrechtzuerhalten. Ich habe es mir hier fast zur Regel gemacht, wenn die Leute kurz vor dem Angriff zittern, immer nur davon zu reden, daß für die kleineren Städte ein solcher Angriff noch viel schlimmer wäre. Man muß die Menschen aus dem einlinigen Denken herausreißen – gewissermaßen als «Vorbereitung» bzw. «Ermöglichung» des Glaubens, obwohl es in Wahrheit erst der Glaube selbst ist, der das Leben in der Mehrdimensionalität ermöglicht und uns also auch diese Pfingsten trotz Alarmen feiern läßt.[87]

Dietrich Bonhoeffer setzte sich für viele in jenen Mauern von Tegel lebenden Menschen ein, für Mitgefangene und Wächter; er versenkte sich in eine Fülle von Literatur, mehr noch in die säkulare als in theologische. Er sprach von der erzwungenen Untätigkeit als von einem *geschenkten Freisemester.*

Wo er konnte, versuchte er – außer mit den erwähnten Memoranden über Haft- und Alarmverhältnisse – seine Beziehungen und Vergünstigungen für andere zu nutzen. Er verfaßte Beschwerden für Mithäftlinge, vermittelte für ihre Verteidiger psychiatrische Gutachten durch seinen Vater; er beschaffte Geld. Bei Kranken und nach Alarmen fungierte er als versierter Sanitäter. Zu Weihnachten schrieb er für das ganze Haus Gebete, die der Gefängnisgeistliche verteilen konnte. Natürlich versuchte er, auch von der Zelle aus die Feiern in der Familie, Hochzeit und Taufe, so festlich mitzugestalten, wie es in all der Misere nur möglich war. Und nachdem er dem Freund gestanden hatte, daß die Zelle durchaus nicht so leicht zu ertragen sei, wie er brieflich vorgebe, schloß er auch diese Schilderung mit einer humorvollen Note: *Ja, dies alles würde ich Dir sagen und noch vieles mehr und würde wissen, daß (vorausgesetzt, daß Du nicht gerade Zeitung liest oder einschläfst oder gar an Renate denkst!) Du mich wie kein anderer anhören und mir guten Rat geben würdest.*[88]

Neben Theologie las er Philosophie, Geschichte und Literatur des 19. Jahrhunderts so konzentriert wie kaum zuvor. Natürlich war auch Bonhoeffer in Tegel von der Isolation der Gebildeten im nationalsozialistischen Deutschland betroffen: Bücher von Thomas Mann, Werfel oder gar von Sozialisten hätten auf keinen Fall in Bonhoeffers Zelle gefunden werden dürfen. Und die noch erlaubten Autoren reizten ihn und die Seinen nicht. So schrieb er: *Die Generation von Maria* (seine Braut war damals neunzehn Jahre alt) *ist leider mit einer sehr schlechten zeitgenössischen Literatur großgeworden, und den Anschluß an das ältere Schrifttum finden sie viel schwerer als wir. Je mehr wir an die wirklich guten Sachen herangekommen sind, desto fader ist uns doch die dünne Limonade der neueren Produktion geworden, manchmal fast bis zum Übelwerden. Kennst Du ein Buch aus der schönen Literatur der letzten ca. 15 Jahre, von dem Du glaubst, daß es Bestand hat? Ich nicht. Es ist teils Gewäsch, teils Gesinnungsmacherei, teils wehleidige Sentimentalität, aber keine Erkenntnis, keine Gedanken, keine Klarheit, keine Substanz und fast immer eine schlechte unfreie Sprache. Ich bin an diesem Punkt ganz bewußt ein laudator temporis acti.*[89]

Da er an der literarischen Entwicklung in der Welt nicht teilnehmen durfte, machte Bonhoeffer es sich zur Aufgabe, Zeit und Denken von Keller bis Harnack, von Pestalozzi bis Dilthey zu rekapitulieren. Die beglückendste Entdeckung wurde für ihn Adalbert Stifter. *Das geborgene und verborgene Leben seiner Gestalten – er ist ja so altmodisch, nur sympathische Menschen zu schildern – hat in dieser Atmosphäre hier etwas sehr Wohltuendes und lenkt die Gedanken auf die wesentlichen Lebensinhalte . . . dabei versetzt er einen in der Reinheit der Sprache und der Gestalten in ein ganz seltenes und eigenartiges Glücksgefühl.*[90] Speziell «Witiko» wurde ihm zu einem Grunderlebnis, vor allem wohl deshalb, weil dort – wie Hermann Bahr es 1922 formuliert hat – aus «gutem Unrecht neues Recht» wird und weil der «Sieg ungesetzlichen

Rechtes über ein zum Unrecht gewordenes Gesetz» zustande kommt.

In den Wochen, in welchen er die 1000 Seiten des «Witiko» las, schrieb er auch an dem Dramenversuch. Dort läßt er die Hauptperson sagen:

Laßt uns lernen, eine Zeitlang ohne Worte das Rechte zu tun ... Wer sich dem Tode nahe weiß, der ist entschieden, aber er ist auch schweigsam. Wortlos, ja wenn es sein muß, unverstanden und einsam, tut er das Notwendige und Rechte, bringt er sein Opfer ...

Was sind das nun wieder für große Worte? Warum sage ich nicht einfach, was ich meine und weiß? Oder wenn ich das nicht will, warum schweige ich nicht ganz? Wie schwer ist es, wirklich wortlos, unverstanden das Notwendige und Rechte zu tun.[91]

Die dunklen Töne in Bonhoeffers schriftlichen Zeugnissen aus Tegel sind jedoch niemals Ausdruck der Verzweiflung. Hitler, der ihm zum Schicksal geworden ist und der die Oberhand über ihn und seine Freunde behielt, war für ihn schon tot und keine Zeile mehr wert. Bonhoeffer ließ sich gerade in der Zelle in keine Jenseits-Haltung drängen. Im Gegensatz zu den Jahren 1933 oder 1935 versagte er sich jetzt jede Flucht in eine Apokalyptik. Und eben das gehört zum Geheimnis der Wirkung dieses Mannes, der unter den außergewöhnlichsten Umständen seine Reife gefunden hat: *Es gibt Menschen, die es für unernst, Christen, die es für unfromm halten, auf eine bessere irdische Zukunft zu hoffen und sich auf sie vorzubereiten. Sie glauben an das Chaos, die Unordnung, die Katastrophe als den Sinn des gegenwärtigen Geschehens und entziehen sich in Resignation oder frommer Weltflucht der Verantwortung für das Weiterleben, für den neuen Aufbau, für die kommenden Geschlechter. Mag sein, daß der Jüngste Tag morgen anbricht, dann wollen wir gern die Arbeit für eine bessere Zukunft aus der Hand legen, vorher aber nicht.*[92]

Auf den ersten Blick erscheint Bonhoeffers Werk unübersichtlich; man hat dem Autor vorgeworfen, es sei uneinheitlich. Dennoch bezeugt es in hohem Maße die Geschlossenheit einer Entwicklung und genuinen Aussage. Heute besteht eine gewisse Diskrepanz zwischen dem weltweiten Zitieren aus Bonhoeffers Werk (sowie den hohen Auflagen seiner Bücher) und der Tatsache, daß sich nur wenige namhafte Fachtheologen mit seinem Werk befassen. Was sind die Gründe dafür?

Dietrich Bonhoeffer hatte keine Möglichkeit, ein ausgereiftes, geschlossenes Lebenswerk vorzulegen, und es ist mühevoll, seine Gedanken aus einigen seiner Bücher und aus den Sammlungen von vielen Aufsätzen, Briefen und Zetteln nachzuvollziehen. Manches ist leicht und spannend zu lesen, anderes aber fast nur dem Experten zugänglich.

Außerdem ist es nicht einfach, sein Verhältnis zu den großen Theologen abzugrenzen, die ein geschlossenes Lebenswerk hinterlassen haben und die in ihrer Nähe oder Ferne zu Bonhoeffer ganz unterschiedlich interpretiert werden. Bonhoeffer selbst hat sich nur selten expressis verbis und ausführlich mit ihnen auseinandergesetzt.

Man wüßte gern Definitives über seine Meinung zu Karl Barths Werk. Ihm verdankte er neben Luther sicher das meiste. Trotzdem befragte er ihn immer wieder kritisch, zuletzt mit dem Vorwurf des «Offenbarungspositivismus», der aber weniger Karl Barth als den «Barthianern» galt. Gekannt hat Bonhoeffer ja leider nur die bis dahin erschienenen vier der dreizehn Bände von Barths großer Dogmatik. Und wie wäre wohl sein Verhältnis zu Rudolf Bultmann geworden, mit dessen Programm einer Entmythologisierung und «existentialen Interpretation» des Neuen Testaments die Bonhoefferschen Versuche fälschlich einfach gleichgesetzt worden sind? Wie hätte er Paul Tillich eingeordnet, von dem er nur das Werk vor dessen Emigration im Jahre 1933 kannte und kritisch beurteilte? Hätte er Tillichs Universalismus, sein geniales Bemühen um die Relevanz der theologischen Aussagen als verwandt empfunden oder ihn wegen seiner «religiösen Interpretation» (Bonhoeffer wollte ja «nicht-religiös» interpretieren!) von Mensch und Welt heftig abgelehnt? John A. T. Robinson hat 1963, damals Bischof von Woolwich, in seinem Bestseller «Honest to God»[93] Bonhoeffer mit Bultmann und Tillich im wesentlichen gleichgesetzt. Es ist zu bezweifeln, daß er Bonhoeffers Werk damit wirklich erfaßt hat, aber er hat durch sein Buch ein weltweites neues Interesse für das Phänomen Bonhoeffer und sein Werk eingeleitet.

Robinson ist ein Beispiel dafür, daß zunächst immer nur die knapp 50 Seiten theologischer Diskussion aus den Tegeler Briefen von 1944 wirksam geworden sind. Es war also gerade diese offene, unfertige Briefform von Bonhoeffers letzten theologischen Reflexionen, die faszinierte – die aber auch dazu verführte, mit seinen Formulierungen zu sagen, was man im Grunde selber hatte sagen wollen, oder gar zu schnell weiterzuentwickeln, was der ganze Bonhoeffer eigentlich nicht erlaubte. Es ging zwar sehr weit, wenn William Hamilton, der ameri-

Karl Barth, 1934

kanische «Tod-Gottes-Theologe», auf die Frage, ob er sich nicht zu Unrecht auf Bonhoeffer berufe, antwortete: Gewiß, wir erlauben uns, Bonhoeffer kreativ zu mißbrauchen. Aber so ganz abwegig ist das auch wieder nicht. Bonhoeffer war tatsächlich ein begnadeter Initiator. Freilich hätte er wohl zurückgefragt: Weißt du auch, was du da eigentlich in Gang setzt, und wie willst du es verantworten? Denn er besaß ein waches Verhältnis zur Tradition. Für Theologiestudenten schrieb er einmal 1933: *Warum sollte es gerade für einen Theologen besonders sachgemäß und erforderlich sein, von seinem ersten Semester an bis zur Erreichung der höchsten geistlichen Ämter der Kirche von der theologischen Wissenschaft verächtlich zu reden? Warum sollte es ein besonders gutes Zeichen für ihn sein, daß er die Gesellschaft aufrichtiger Theologen von Paulus über Augustin, Thomas bis zu Luther scheut, daß er es nicht nötig zu haben meint, was jene für unermeßlich wichtig hielten? ... Seit wann qualifiziert es denn den Theologen in besonderer Weise, wenn er in seiner Gleichgültigkeit gegen die Theologie doch nur der Menge nach dem Munde redet? Und schließlich: seit wann qualifiziert es den Christen, unbescheiden über Dinge zu reden, die er nicht von ferne versteht?* [94]

Daß er, von dieser Achtung vor der Tradition herkommend, dann doch Bereiche aufnahm, die seine theologischen Freunde tabuisiert hatten, nämlich die aufklärerische Emanzipationsbewegung: ebendies brachte Bonhoeffer nach der Veröffentlichung der «Tegeler Briefe» den Vorwurf der Unbeständigkeit ein.

Es gibt jedoch tiefere Gründe für die Zurückhaltung in Fachdiskussionen gegenüber Bonhoeffers Werk als seine Unabgeschlossenheit und die offene Briefform der Tegeler Theologie. Sie liegen in dieser Theologie selbst und in ihrer biographischen Verflechtung.

Bonhoeffers theologisches Werk ist zu keiner Zeit zu begreifen ohne ein konkretes Hier und Jetzt. Es ist verquickt mit dem Wagnis des Tuns. Bonhoeffer konnte eine erstaunliche Präsenz vermitteln: *Was «immer» wahr ist, ist gerade «heute» nicht wahr. Gott ist uns «immer» gerade «heute» Gott.*[95] Man hat deshalb Bonhoeffer vorgeworfen, bei ihm fehle die «eschatologische Komponente», die ständige Beachtung der Lehre von den letzten Dingen. Hier liegt eine der Quellen der Differenz zu Karl Barth, der mit seinem «eschatologischen Vorbehalt» die Nicht-Präsenz des Jenseits immer mitgedacht haben will. Wer genau liest, findet, daß dies Bonhoeffer nicht fremd war. Aber Bonhoeffer fürchtete die Ausweichmöglichkeit (natürlich nicht bei Barth selbst!), wenn man sich gerade in der Nazizeit dieser Lehre so verschrieb, daß man den Anforderungen der Zeit gegenüber unverbindlich bleiben konnte.

Mit diesem «Heute» war bei Bonhoeffer immer eine hohe Empfindlichkeit gegen ein Steckenbleiben im Verbalen gegeben, das die besondere Gefahr der protestantischen Lehre vom «Wort Gottes» darstellt. Mit dem Kampf gegen ein zum Fetisch gewordenes «Allein das Wort» geriet Bonhoeffers Werk für die lutherische Tradition tatsächlich oft an den Rand der Häresie. Bis heute fühlt sich die Kirche deshalb von Bonhoeffer herausgefordert von seinem im tiefsten «politisierten» Wortverständnis. So ist er unbequem und aktuell; auch dort, wo sein Werk eine inzwischen konservativ anmutende Sprachform aufweist.

Das «Jetzt» in Bonhoeffers Werk bedeutet nun aber auch seine enge biographische Verflechtung. Was er in seiner Person selbst austrug, hatte viele Züge dessen, was auf die Kirchen erst noch zukommen sollte. Was auf sie zukommt, ist das Problem ihrer Macht und Ohnmacht, das heißt das ihrer legitimen Vollmacht.

Und dies war auch Bonhoeffers persönliches Problem. Es steht hinter seinem ganzen Werk – selbst da, wo er abstrakt argumentiert, wie in seinen jungen Jahren. Wir deuteten das schon an. Als die Habilitationsarbeit *Akt und Sein* 1931 erschien, schrieb er an Erwin Sutz: *Mir ist dies Produkt inzwischen ziemlich unsympathisch geworden.*[96] Er fürchtete sich jetzt vor diesem Theologisieren als einem Glasperlenspiel.

Clifford Green, ein australischer Theologe in den USA, hat schlüssig gezeigt[97], wie Bonhoeffer mit dem Problem seiner persönlichen Macht fertig zu werden suchte, indem er in der *Nachfolge* einen übermächtigen Christus aufbaute, der totalen Gehorsam verlangen kann; wie er dann aber, besonders in Tegel, fähig geworden war, sich selbst mit seiner Macht und Ohnmacht als Quelle der Kraft für andere anzunehmen. Dabei strömten dann auch dem Christusbild Züge zu, die das Geheimnis des Jesus von Nazareth besser umreißen: nämlich so stark zu sein, daß er sich nicht immer wieder behaupten muß, sondern alles hingeben kann. Tatsächlich fließen dann Bonhoeffers eigene Fähigkeiten, ein befreiender Nächster zu sein, in Tegel auch in die Beschreibungen des Wesens einer kommenden Kirche ein. Die Konzentration der früheren Werke, die zuweilen etwas Gespanntes an sich haben können, weicht einer souveränen Weise zu schreiben.

Machen solche biographischen Verflechtungen das Werk Bonhoeffers besonders reizvoll, so ist es dadurch doch auch anderen Systemen weniger einfach einzuordnen.

Psychologisch wird für manche Ältere Bonhoeffers totaler persönlicher Einsatz, den sie selbst nicht geleistet haben, zu einer Barriere und Verunsicherung, oft unbewußt, so daß sie das Phänomen verdrängen oder mit bewährten Theologie-Einwänden ablehnen (Zerstörung der Wort-Theologie und Auflösung der Zwei-Reiche-Lehre). In Deutschland stehen deshalb viele Menschen, die das Dritte Reich nicht bekämpften, Bonhoeffer uninteressiert bis ablehnend gegenüber, während er im Ausland keine solchen Widerstände zu überwinden hat. Bonhoeffers Werk wird überall dort begierig aufgenommen und reflektiert, wo Kirchen unter Druck existieren oder ihre institutionelle Freiheit bereits eingebüßt haben. Und erst recht dort, wo Gruppen sich auf Experimente neuer Gestaltung eingelassen haben.

Das Werk Bonhoeffers läßt sich überblicken mit Hilfe der Schlagworte, die für die verschiedenen Phasen seiner theologischen Entwicklung stehen. *Christus als Gemeinde existierend* für die erste, mehr akademische Phase der Bücher *Sanctorum Communio* und *Akt und Sein; Die billige und die teure Gnade* für die nächste, mehr kirchliche Phase von *Nachfolge* und *Gemeinsames Leben; Letztes und Vorletztes* für die Zeit der *Ethik*; und endlich *Nichtreligiöse Interpretation, Mündiggewordene Welt, Jesus, der Mensch für andere* und *Kirche für andere* für die Zeit von Tegel in *Widerstand und Ergebung.*

Bonhoeffer war ein guter Stilist, dessen Kurzformeln sich einprägten, so daß manche von ihnen heute umlaufen, ohne daß denen, die sie verwenden, noch der Erfinder dabei vor Augen steht und das Verständnis von dem, was dieser damit sagen wollte, noch gesichert erscheint. Die oben erscheinende Reihenfolge verrät mit Recht ein Gefälle vom Komplizierten zum Einfachen, aber auch eines vom schwer Einleuchtenden zum fast zu schnell Einleuchtenden.

Für Bonhoeffer bedeuteten diese Phasen keine Sprünge zwischen ganz verschiedenen Themen. Sein theologisches Lebensthema blieb immer das gleiche: Es ging stets um Christus und seine Kirche – wobei die Kirche Christus konkretisiert und Christus die Kirche korrigiert. Bonhoeffer begann mit dem Vorrang der Kirche und endete mit dem Vorrang der Lehre von Christus. Denkumstände und Lebensverhältnisse änderten sich, Gefährten und Adressaten ebenfalls. Und diese vertieften das Lebensthema; sie präzisierten die Weise, zu fragen und zu antworten.

So fragte er 1933 in seiner Universitätsvorlesung – als wenn es eine Antwort für alle Zeiten gäbe –: *Wer ist Christus?* Wohlgemerkt, er fragte schon «wer» und nicht «was», will also nicht ein Objekt studieren, sondern sucht das Risiko einer Begegnung. 1944 fragt er in Tegel ebenso intensiv nach dem Wer, aber nun mit einer wichtigen Einschränkung: *Wer ist Christus für uns heute?* Er kann die Frage nur noch für sich und seine Zeit fragen. Die «Wir heute» sind aber ganz bestimmte Erben: einerseits Erben eines geprägten Christentums, einer Jahrhunderte alten abendländischen Denkweise und kirchlichen Organisation, die allerdings nicht mehr viel mit dem biblischen Evangelium von Christus zu tun haben, andererseits Erben – und auf jeden Fall Nutznießer als Gläubige und als Ungläubige – der Aufklärung mit ihren emanzipatorischen Früchten und Schäden. *Wer ist Christus für uns heute?* Für uns, die wir mit dieser doppelten Erbschaft leben? – so lautet seine Lebensfrage zuletzt, und deshalb erfährt sein Theologisieren am Ende die atemberaubende Weite. Zeitlebens hatte er Ludwig Feuerbachs Frage im Ohr: *Feuerbach stellte der Theologie zwei Fragen, die sie nicht beantwortete: die nach der Wahrheit ihrer Sätze und die nach der Übereinstimmung mit dem Leben.*[98] Die Sehnsucht, in Christus der Wahrheit und der Wirklichkeit zu begegnen, steht hinter Bonhoeffers Werk vom Anfang bis zum Ende.

Die erste Formel *Christus als Gemeinde existierend* prägte er 1925 bei der Arbeit an der Dissertation. Sie begleitete seine Theologie bis in die ersten dreißiger Jahre. Sie wandelt Hegels Gedanken von «Gott als Gemeinde existierend» ab. Hegel meinte die Einwohnung des Heiligen Geistes als absolutem Geist in der Gemeinde. Bonhoeffer wendete die Formel christologisch um.

Inspiriert vom Rom-Erlebnis entdeckte er das Phänomen der Kirche. Wo ist das Heil konkret auf der Erde anzutreffen? In dem sozialen Gebilde einer durch und in Christus zusammengekommenen Gemeinde. Dort sind seine Gegenwart und seine Gaben leibhaft anzutreffen. Die Kirche ist sowohl ein theologisches wie ein soziologisches Gebilde. Darin will der «Gott extra nos» pro nobis sein. Bonhoeffer schreibt deshalb eine *dogmatische Untersuchung zur Soziologie der Kirche* (Untertitel); denn *die Versammlung der Gläubigen bleibt unsere Mutter*[99].

Dietrich Bonhoeffer interessiert also von Beginn an nicht so sehr eine metaphysische Spekulation über ein Jenseits oder transzendentale Verflüchtigungen der Gottesidee, sondern die Bindung Gottes an die leibhaftige Christusgemeinde. Und es interessieren ihn auch nicht punktuelle Erlebnisse der Frömmigkeit, sondern die Bindung an diese faßbare kontinuierliche Größe der Versammlung.

Lange nach Bonhoeffers Tod schrieb Barth: «Ich gestehe offen, daß es mir selbst Sorge macht, die von Bonhoeffer damals erreichte Höhe hier [Barths Ekklesiologie] wenigstens zu halten, von meinem Ort her und in meiner Sprache nicht weniger zu sagen und nicht schwächer zu reden, als es dieser junge Mann damals getan hat.»[100]

In *Akt und Sein* (Habilitation 1931) führte Bonhoeffer eine kompetente Auseinandersetzung mit dialektischer Theologie, mit Bultmann

Rudolf Bultmann

und vor allem dem frühen Heidegger («Sein und Zeit»). Auch hier regiert der starke Wunsch nach der konkreten Antreffbarkeit Gottes: *Es handelt sich doch in der Offenbarung nicht so sehr um die Freiheit Gottes j e n s e i t s ihrer, d. h. um das ewige Bei-sich-selbst-bleiben und um die Aseïtät Gottes, sondern vielmehr um das Aus-sich-Heraustreten Gottes in der Offenbarung, um sein g e g e b e n e s Wort, um seinen Bund, in dem er sich gebunden hat, um seine Freiheit, die gerade in dem Frei-sich-gebunden-Haben an den geschichtlichen Menschen, in dem Sich-dem-Menschen-zur-Verfügung-Geben ihren stärksten Erweis findet. Gott ist nicht frei vom Menschen, sondern für den Menschen. Christus ist das Wort der Freiheit Gottes. Gott i s t da, d. h. nicht in ewiger Nichtgegenständlichkeit, sondern – mit aller Vorläufigkeit ausgedrückt –, habbar, faßbar in seinem Wort in der Kirche.*[101] Der Kundige erkennt die Fülle der theologiegeschichtlichen Abgrenzungen und Angriffe, einschließlich der gegen den Calvinisten Barth.

Die billige und die teure Gnade war ein Schlagwort, das bald über theologische Expertenkreise hinaus verbreitet wurde. Es steht in der *Nachfolge*, deren erste Entwürfe auf 1931/32 zurückgehen und die 1937 erschien. Die Formel ist durch Kierkegaard-Lektüre angeregt.

Hinter dem Schlagwort steht Bonhoeffers Situation als öffentlicher

Prediger, Dozent und mitverantwortlicher Ökumeniker. Er soll Worte an Welt und Kirchen verantworten, deren Gewicht und Wirkung in keinem Verhältnis zu dem stehen, was sie sagen. Wie kann man ertragen, daß die Kirche und man selbst das Kostbarste, das Wort vom nahen Gott, so wirkungslos handhabt?

So geht das Buch mit der Kirche außerordentlich kritisch um. Die Diskrepanz zwischen ihrem Mandat zum öffentlichen Wort und ihrer faktischen Stimmlosigkeit führte Bonhoeffer zu dem Problem ihrer Autorisierung, ihrer Glaubwürdigkeit und damit zur Untersuchung und Erneuerung des Standes ihrer Verkündiger.

Die Antwort suchte er nun nicht in einer Erneuerung der Lehre des Amtes, sondern in einem Leben, das dem Wort sein Gewicht zurückgeben könnte: Erneuerung von Autorität und Glaubwürdigkeit allein durch Nachfolge. Das sollte keinesfalls eine Auflösung des Glaubens in Werke oder in eine Amtsethik bedeuten, sondern gerade eine Neu-Inthronisierung des reformatorischen Sola Gratia. So schreibt er:

Billige Gnade ist der Todfeind unserer Kirche. Unser Kampf heute geht um die teure Gnade.

Billige Gnade heißt Gnade als Schleuderware, verschleuderte Vergebung, verschleuderter Trost, verschleudertes Sakrament; Gnade als unerschöpfliche Vorratskammer der Kirche, aus der mit leichtfertigen Händen bedenkenlos und grenzenlos ausgeschüttet wird; Gnade ohne Preis, ohne Kosten ....

Billige Gnade heißt Gnade als Lehre, als Prinzip, als System ... In dieser Kirche findet die Welt billige Bedeckung ihrer Sünden, die sie nicht bereut und von denen frei zu werden sie erst recht nicht wünscht. Billige Gnade ist darum Leugnung des lebendigen Wortes Gottes, Leugnung der Menschwerdung des Wortes Gottes.

Billige Gnade heißt Rechtfertigung der Sünde und nicht des Sünders. Weil Gnade doch alles allein tut, darum kann alles beim alten bleiben ... Billige Gnade ist die Gnade, die wir mit uns selbst haben ... Billige Gnade ist Gnade ohne Nachfolge, Gnade ohne Kreuz, Gnade ohne den lebendigen, menschgewordenen Jesus Christus.

Luther, so meint Bonhoeffer, ist es um diese teure Gnade gegangen, nämlich die *Rechtfertigung des Sünders, aber nicht die der Sünde. Und dennoch bleibt der Sieger der Reformationsgeschichte nicht Luthers Erkenntnis von der reinen, teuren Gnade, sondern der wachsame religiöse Instinkt des Menschen für den Ort, an dem die Gnade am billigsten zu haben ist. Es bedurfte nur einer ganz leichten, kaum merklichen Verschiebung des Akzentes, und das gefährlichste und verderblichste Werk war getan ... Wenn Luther von der Gnade sprach, so meinte er sein eigenes Leben immer mit, das durch die Gnade erst in den vollen Gehorsam Christi gestellt worden war ... Daß die Gnade allein alles tut, hatte Luther gesagt, und wörtlich so wiederholten es seine Schüler, mit dem einzigen Unterschied, daß sie sehr bald das ausließen und nicht mitdachten und sagten, was Luther immer selbstverständlich mitgedacht hatte, nämlich Nachfolge, ja, was er nicht mehr zu sagen brauchte, weil er ja immer selbst als einer redete, den die Gnade in die schwerste Nachfolge Jesu geführt hatte. Die Lehre der Schüler war also unan-*

Martin Luther. Gemälde von Lucas Cranach d. Ä., 1532

fechtbar von der Lehre Luthers her, und doch wurde diese Lehre das Ende und die Vernichtung der Reformation.

In diesem Zusammenhang findet sich ein Satz, der als ein Schlüssel für Bonhoeffers Denken angesehen werden kann: *Dies bedeutet, daß eine Erkenntnis nicht getrennt werden kann von der Existenz, in der sie gewonnen ist.*

Scharf analysiert er dann den Zustand der Kirche:

Wie die Raben haben wir uns um den Leichnam der billigen Gnade gesammelt, von ihr empfangen wir das Gift, an dem die Nachfolge Jesu unter uns starb. Die Lehre von der reinen Gnade erfuhr zwar eine Apo-

theose ohnegleichen, die reine Lehre von der Gnade wurde Gott selbst, die Gnade selbst. Überall Luthers Worte und doch aus der Wahrheit in Selbstbetrug verkehrt. Hat unsere Kirche nur die Lehre von der Rechtfertigung, dann ist sie gewiß auch eine gerechtfertigte Kirche! so hieß es ... Ein Volk war christlich, war lutherisch geworden, aber auf Kosten der Nachfolge, zu einem allzu billigen Preis. Die billige Gnade hatte gesiegt ... Ist der Preis, den wir heute mit dem Zusammenbruch der organisierten Kirchen zu zahlen haben, etwas anderes als eine notwendige Folge der zu billig erworbenen Gnade? ...

Unbarmherzig ist die billige Gnade gewiß auch den meisten von uns ganz persönlich gewesen. Sie hat uns den Weg zu Christus nicht geöffnet, sondern verschlossen ... Das Wort von der billigen Gnade hat mehr Christen zugrunde gerichtet als irgendein Gebot der Werke.

Viele Große der protestantischen Tradition haben ihren Ruf mit einem Kommentar zum Römerbrief begründet, wie Luther, wie Barth; Bonhoeffer machte sich weiteren Kreisen bekannt mit einer Auslegung der Bergpredigt, die diesen ersten, oben zitierten Kapitelstücken folgt.

Manche sehen in Bonhoeffers Theologie der Nachfolge eine Gefahr der Selbstgettoisierung der Christen. Der berühmt gewordene Schlüsselsatz des Buches: *Nur der Glaubende ist gehorsam, und nur der Gehorsame glaubt*[102], fand in dieser Gleichsetzung von Glaube und Gehorsam wenig Aufnahme. Überfordert er, statt Freiraum zu schaffen?

Man kann beobachten, daß Bonhoeffer vor 1933 eine Weite der Themen und der Weltbezogenheit erreicht hatte, die dann zurückgeht und erst mit der *Ethik* und den Tegeler Briefen wieder heraufkommt. Im Januar 1935 schrieb er seinem Bruder Karl-Friedrich zu dessen Geburtstag: *Ich glaube zu wissen, daß ich eigentlich erst innerlich klar und aufrichtig sein würde, wenn ich mit der Bergpredigt wirklich anfinge, Ernst zu machen. Hier sitzt die einzige Kraftquelle, die den ganzen Zauber und Spuk einmal in die Luft sprengen kann* (gemeint: das Nazireich), *bis von dem Feuerwerk nur ein paar ausgebrannte Reste übrigbleiben. Die Restauration der Kirche kommt gewiß aus einer Art neuen Mönchtums, das mit dem alten nur die Kompromißlosigkeit eines Lebens nach der Bergpredigt in der Nachfolge Christi gemeinsam hat. Ich glaube, es ist an der Zeit, hierfür die Menschen zu sammeln.*[103]

Dietrich Bonhoeffer meint also, daß Theologie und Verkündigung aus ihrer nutzlosen Geschäftigkeit erst herauskämen, wenn die Kirche ihren Glauben als Nachfolge lebt, interpretiert und verlangt, befreiend zu einem neuen Leben, unabhängig von anderen Autoritäten.

In den Jahren der Entstehung war die *Nachfolge* alles andere als ein Rückzug in ein Getto, im Gegenteil: Sie war Rückenstärkung gegen die Gleichschaltung, Attacke auf die nationalsozialistische Religion des Tages. Zugleich griff die *Nachfolge* die mild-neutralen Kompromisse sogenannter reformatorischer Theologien mit dieser Religion an.

Es kam jedoch die Zeit, als selbst eine Predigt der Nachfolge steril wurde. Im ersten Brief nach dem gescheiterten Putsch (21. Juli 1944) urteilte Bonhoeffer von sich aus, er sei mit der Arbeit an der *Nachfolge* an das Ende eines leidenschaftlich verfolgten Weges geraten: *Als das Ende dieses Weges* (d. h. der Versuch, *so etwas wie ein heiliges Leben zu führen) schrieb ich wohl die «Nachfolge». Heute sehe ich die Gefahren dieses Buches, zu dem ich allerdings nach wie vor stehe, deutlich.*[104]

Daß Gnade nicht «billig», sondern «teuer» sei, das freilich blieb unverrückt; ja, bei der Gnade zu bleiben war 1944 noch teurer geworden, als es 1935 schien. Deshalb *zu dem ich allerdings nach wie vor stehe*!

Aus der *Ethik* ist das Stichwort vom *Letzten und Vorletzten* am bekanntesten geworden. So wie das Buch heute vorliegt, war es von Bonhoeffer nicht geplant. Es enthält die postume Zusammenstellung von mindestens vier unfertig gebliebenen, jedesmal neu ansetzenden Arbeitsgängen Bonhoeffers zwischen den Jahren 1939 und 1943. Ein Anhang bringt Sonderaufsätze und -arbeiten aus jener Zeit, die in den ethischen Bereich gehören. Darunter auch die leider abgebrochene, besonders reizvolle Studie *Was heißt die Wahrheit sagen?*[105], die Bonhoeffer während der Verhöre mit all ihren Tarnungen und Lügen in Tegel entwarf. Nach einem ersten Versuch des Herausgebers, die Stükke der *Ethik* nach einem alten Plan Bonhoeffers systematisch zu ordnen (die Auflagen 1–5), sind die Arbeiten jetzt nach ihrer zeitlichen Entstehung gruppiert.

So sieht man heute, wie sich Bonhoeffers Denken in dieser Periode der Reisen (für die Abwehr) und ruhiger Wochen in Ettal und Pommern vertieft hat. Die *Ethik* beginnt noch ganz in der Sprache der *Nachfolge* und endet in einer Sprache, die schon sehr an die der Tegeler Briefe erinnert.

Was die Fragmente der *Ethik* auszeichnet – und man sieht bei dieser Ethik durch die jeweils neuen Ansätze in das Innere der Werkstatt und nicht in ein Schaufenster –, ist das entschlossene Bemühen, die Christusbezogenheit und aus ihr heraus die Weltbezogenheit zur vollen Geltung kommen zu lassen: *Alles wäre verdorben, wollte man Christus für die Kirche aufbewahren, während man der Welt nur irgendein, vielleicht christliches Gesetz gönnt. Christus ist für die Welt gestorben, und nur mitten in der Welt ist Christus Christus*[106] (Hervorhebung d. A.).

Nur mitten in der Welt ist Christus Christus ist ein starker Satz, den Bonhoeffer aber immer wieder folgendermaßen verifiziert: In der Menschwerdung Christi sind Welt und Mensch immer schon im Prozeß des Angenommenwerdens, im Kreuz Christi im Prozeß des Gerichtet- und Versöhntwerdens, und in der Auferstehung Christi im Prozeß der Erneuerung des Lebens. Die konkrete Welt war 1932 für Bonhoeffer der Bereich, dem es etwas zu verkündigen und den es in die Kirche hineinzuziehen galt; 1935 wurde die Welt das dunkle Tal, in dem man sich nicht aufhalten durfte. Jetzt wird die Welt zu einem Partner. Bonhoeffers Wirklichkeitsverhältnis wird auffallend positiver. Es gibt keine Wirklichkeit ohne Christus und keinen Christus ohne Wirklichkeit. Das bedeutet: Christus ist nicht eine absolute Norm, die der Wirklichkeit von außen aufgesetzt wird, und die Wirklichkeit kein bloßes Material für christliche Ethiker, dem sie ihre Programme aufdrücken. Christus hebt die Wirklichkeit nicht auf, sondern läßt sie durch Gericht,

Versöhnung und Erneuerung zu dem Ihren kommen. Er macht sie nicht «christlich». Das Gute in der und für die Welt ist kein Abstraktum, sondern ein immerwährender Prozeß, der darin besteht, Menschen anzunehmen und Teilnahme am Leben zu schaffen. Ethik, so kann Bonhoeffer sagen, ist *mitleben zu lernen. Das Gebot Christi befreit das Geschaffene zur Erfüllung des ihm eigenen Gesetzes;* das Kreuz der Versöhnung *ist die Befreiung zum Leben in echter Weltlichkeit,* es verhilft dazu, nicht einem Selbstzweck zu dienen, sondern *für andere da zu sein.*[107]

Die einleuchtendste Formel, diese Christus- und Weltbezogenheit so auszudrücken, daß sich beide nicht nur gegenseitig aufheben oder sanktionieren, sondern in ihrer Unableitbarkeit bleiben, was sie sind, war jenes Begriffspaar von den *Letzten und den vorletzten Dingen.* Das letzte Wort, Christus (Bonhoeffer kann auch sagen: das der «Rechtfertigung»), ist unverfügbar; es umfaßt Anfang und Ende des Vorletzten, seien diese zeitlich, räumlich oder qualitativ gedacht. Das Letzte begrenzt das Vorletzte und setzt es zugleich in Geltung und Kraft. So läßt Christus *die menschliche Wirklichkeit, ohne sie zu verselbständigen und ohne sie zu zerstören, als Vorletztes bestehen, das in seiner Weise ernst genommen und nicht ernst genommen werden will als Vorletztes ...* Christliches Leben ist so *weder eine Zerstörung noch eine Sanktionierung des Vorletzten ... es ist Teilnahme an der Christusbegegnung mit der Welt.*[108]

Wegen dieser dynamisierenden Zusammenschau von Christusrealität und von konkreten Weltstrukturen meinen manche, die *Ethik* sei trotz ihres unfertigen Zustandes das wichtigste und tiefste Werk Bonhoeffers. Tatsächlich hat er mit seinem Ansatz einen alten klassischen Konflikt der Ethik überwunden: den zwischen einer Normen- und einer Situationsethik; das heißt er hat die Vorteile von beiden wahrgenommen und die Nachteile vermieden. Normenethik sorgt für die Kontinuität ethischer Entscheidungen, aber sie endet in Weltferne, verbiegt die Wirklichkeit in vereinnahmender Kasuistik; sie verfehlt die Menschwerdung Christi und ihre Lebensnähe. In der Nazizeit hatte sie gewisse Durchhaltekräfte zu bieten, aber sie blieb steril und versagte in der konkreten geschichtlichen Situation. Situationsethik auf der anderen Seite sorgt für die Wirklichkeitsnähe, aber sie löst das Ganze in aktualistische Einzelentscheidungen auf, und es bleibt fraglich, ob sie wirklich Hilfreiches zum geschichtlich Sachgemäßen und Notwendigen beitragen kann. Sie ist gefährlich dicht bei der bloßen Sanktionierung des Bestehenden; sie verfehlt das Kreuz Christi und dessen kritische Kraft.

Ethiken, die nahe an der Wirklichkeit sind, veralten heute schnell. Teile aus Bonhoeffers Ethik sind davon nicht ausgenommen. Eine Fülle von Lebensfeldern, die inzwischen durch Psychologie, Soziologie, Humanwissenschaften, Kybernetik und experimentelle Techniken ins Blickfeld gerückt sind und komplizierte Fragestellungen aufgegeben haben, kommen in Bonhoeffers Arbeit noch gar nicht oder nur unbefriedigend vor. Gewisse Teile, etwa die Ausführungen über Staat und Gesellschaft erscheinen angesichts der heutigen Probleme einer Umverteilung von Macht wie Dokumente eines vergangenen Konservativismus.

Dennoch durchbricht der Lutheraner Bonhoeffer Mauern der lutherischen Zwei-Reiche-Lehre, die immer höher wurden und noch kaum abgebaut sind. Mit dem Vorschlag einer sogenannten Mandatenlehre in der Ethik löst er das statische Stände- und Zwei-Säulen-Denken (Staat und Kirche als die einzigen Mandanten Gottes in der Welt) auf. Das sterile Denken in zwei Räumen, die *bewußt oder unbewußt alles bestimmende Grundvorstellung des ethischen Denkens, die des Aneinanderstoßens von zwei Räumen, von denen der eine göttlich, heilig, übernatürlich, christlich, der andere aber weltlich, profan, natürlich, unchristlich ist* [109], hat er angegriffen. Damit hat er die Aufgabe einer Ethik für heute scharf umrissen und Elemente der Lösung geboten.

Die Formeln *nichtreligiöse Interpretation, mündig gewordene Welt, Jesus, der Mensch für andere* und *Kirche für andere* stammen alle aus jenen 50 Seiten der Gefängnisbriefe, die zwischen dem 30. April und dem 23. August 1944 geschrieben wurden.

Als ein paar Zwischenreflexionen innerhalb der Arbeit an der *Ethik*, hervorgerufen durch die Begegnungen der letzten Jahre und durch die intensive Lektüre in der Zelle, wollte Bonhoeffer ein kleines Buch über die moderne Lage des Christentums verfassen. Dies Buch haben wir nicht. Wir besitzen nur die Korrespondenz zu diesem Thema und eine kurze Skizze des Buchplans (*Entwurf einer Arbeit* [110]). Wahrscheinlich hat er nach dem 23. August in Tegel und sogar noch in der Prinz-Albrecht-Straße eine ganze Menge davon geschrieben. Dies war das einzige Manuskript, das er nicht seinem Vater mit nach Hause gab. Er behielt es bei sich, eben weil er daran arbeitete. Auf der Odyssee in den Tod ist es dann verlorengegangen.

Die vorhandenen Briefe und die Skizze sind an den Freund, den Mittheologen, adressiert. Das bedeutet: Die Überlegungen sind ungesichert, zum Teil in Kürzeln für jemanden geschrieben, der die gleichen Begriffe, das Vorstellungsmaterial und die theologische Erlebniswelt mit ihm teilte. Den Begriff «Religion» zum Beispiel verstanden beide selbstverständlich damals in der Tradition Luthers (die Religion kommt aus dem Fleisch, der Glaube aus dem Geist) und im Sinne der Barthschen Religionskritik, die den Glauben streng von Religion unterschied. Daß viele Leser von *Widerstand und Ergebung* diese Voraussetzungen nicht teilten, führte zu dem Mißverständnis, Bonhoeffer habe mit seiner Religionskritik auch Gebet und Frömmigkeit beseitigen wollen.

Nichtreligiöse Interpretation kommt als Begriff also aus dieser religionskritischen Theologenwelt und natürlich aus dem Interesse an der Exegese – aber es steckt noch mehr dahinter. Die Idee der *mündig gewordenen Welt* entsprang der neuen intensiven Dilthey-Lektüre seit dem Winter 1943/44 sowie seiner früh erworbenen Kant-Kenntnis (Aufklärung als «Ausgang des Menschen aus seiner selbstverschuldeten Unmündigkeit ...»). *Jesus, der Mensch für andere* und *Kirche für andere* lagen schon lange in der Linie von Bonhoeffers Denken, das einst das reformatorische pro me (für mich) des Evangeliums nur im Plural des pro nobis (für uns) haben wollte und mehr und mehr darauf drängte, daß auch das pro nobis nur im pro aliis (für andere) zu haben sei. Aller-

Eberhard Bethge

dings war das so einfache und doch tiefgründige «für andere» erst am Ende der *Ethik* und dann im Tegeler *Entwurf einer Arbeit* reif und aussprechbar geworden, als die kürzeste Antwort auf Bonhoeffers Lebensfrage: Wer ist Christus heute für uns?

Die ausdrückliche Reflexion der Tegeler Theologie beginnt mit dem berühmten Brief vom 30. April 1944. Nachdem Bonhoeffer dem Freund versichert hat, daß es ihm nach all der Unruhe um die verschobenen Prozeßtermine recht gutgehe, fährt er fort:

Dich wundern oder vielleicht sogar Sorgen machen würden Dir höchstens meine theologischen Gedanken mit ihren Konsequenzen ... Was mich unablässig bewegt ist die Frage, was das Christentum oder auch wer Christus heute für uns eigentlich ist. Die Zeit, in der man alles den Menschen durch Worte – seien es theologische oder fromme Worte – sagen konnte, ist vorüber; ebenso die Zeit der Innerlichkeit und des Gewissens, und das heißt eben die Zeit der Religion überhaupt. Wir gehen einer völlig religionslosen Zeit entgegen, die Menschen können einfach, so wie sie nun einmal sind, nicht mehr religiös sein ... Unserem ganzen bisherigen «Christentum» wird das Fundament entzogen, und es sind nur noch einige letzte «Ritter» oder ein paar intellektuell Unredliche, bei denen wir «religiös» landen können ... Sollen wir ein paar Unglückliche in ihrer schwachen Stunde überfallen und sie sozusagen religiös vergewaltigen? Wenn wir das alles nicht wollen, wenn wir schließlich auch die westliche Gestalt des Christentums nur als Vorstufe einer völligen Religionslosigkeit beurteilen müßten, was für eine Situation ent-

steht dann für uns? Wie kann Christus der Herr auch der Religionslosen werden? Gibt es religionslose Christen? Wenn die Religion nur ein Gewand des Christentums ist – und auch dieses Gewand hat zu verschiedenen Zeiten sehr verschieden ausgesehen –, was ist dann ein religionsloses Christentum? . . .

Die zu beantwortenden Fragen wären doch: was bedeutet eine Kirche, eine Gemeinde, eine Predigt, eine Liturgie, ein christliches Leben in einer religionslosen Welt? Wie sprechen wir von Gott – ohne Religion, d. h. eben ohne die zeitbedingten Voraussetzungen der Metaphysik, der Innerlichkeit etc. etc.? Wie sprechen (oder vielleicht kann man aber nicht einmal mehr davon «sprechen» wie bisher) wir «weltlich» von «Gott», wie sind wir «religionslos-weltlich» Christen, wie sind wir «ekklesia», Herausgerufene, ohne uns religiös als Bevorzugte zu verstehen, sondern vielmehr als ganz zur Welt Gehörige? Christus ist dann nicht mehr Gegenstand der Religion, sondern etwas ganz anderes, wirklich der Herr der Welt . . .

Die Religiösen sprechen von Gott, wenn menschliche Erkenntnis . . . zu Ende ist oder wenn menschliche Kräfte versagen – es ist eigentlich immer der deus ex machina, den sie aufmarschieren lassen, entweder zur Scheinlösung unlösbarer Probleme oder als Kraft bei menschlichem Versagen, immer also in Ausnutzung menschlicher Schwäche bzw. an den menschlichen Grenzen . . . ich möchte von Gott nicht an den Grenzen, sondern in der Mitte, nicht in den Schwächen, sondern in der Kraft, nicht also bei Tod und Schuld, sondern im Leben und im Guten des Menschen sprechen. An den Grenzen scheint es mir besser, zu schweigen und das Unlösbare ungelöst zu lassen. Der Auferstehungsglaube i s t nicht die Lösung des Todesproblems. Das «Jenseits» Gottes ist nicht das Jenseits unseres Erkenntnisvermögens! Die erkenntnistheoretische Transzendenz hat mit der Transzendenz Gottes nichts zu tun. Gott ist mitten in unserem Leben jenseitig.[111]

Es geht also nicht nur um ein Interpretationsunternehmen, sondern um die Gesamtgestalt eines neuen «religionslosen Christentums».

Als eine Art Unterfrage zu dieser umfassenden des ersten Briefes folgt nun aber am 5. Mai zunächst die eingeschränktere *Was heißt nun religiös interpretieren?*, um herauszufinden, was dann *nichtreligiös interpretieren* sein mag. Bonhoeffers Antwort: *Es heißt m. E. einerseits metaphysisch, andererseits individualistisch reden. Beides trifft weder die biblische Botschaft noch den heutigen Menschen.*[112]

Das biblische Evangelium ist also nicht gleichzusetzen mit dem christlichen Dogmengebäude, das die frühe und mittelalterliche Kirche mit den Werkzeugen ihrer philosophischen Anschauung und Sprache (das meint Bonhoeffer mit «Metaphysik») daraus gemacht hat. In dieser «Metaphysik» denkt aber heute der Mensch nicht mehr. Und das biblische Evangelium ist nicht gleichzusetzen mit der individuellen Frage nach dem gnädigen Gott. In seinem ersten Brief nannte Bonhoeffer noch zwei Elemente, die bei einer nichtreligiösen Interpretation der Botschaft zu überwinden seien, weil sie diese Botschaft korrumpiert haben: nämlich die Bevorzugungen und Rechte, welche die Kirche zu einer Herrscherin mit Abhängigen gemacht haben.

Damit rückt Bonhoeffers nichtreligiöses Interpretieren aber deutlich aus der Ebene bloßer Auslegungsfragen heraus. Sie berührt die Gestalt der Kirche. *Religionsloses Christentum* ist demnach zuerst einmal ein selbstkritisches Bußunternehmen der Kirche, das nicht am Schreibtisch zu erledigen ist. Bonhoeffer sagt deshalb: man ist *auf die Anfänge des Verstehens zurückgeworfen . . . Unsere Kirche, die in diesen Jahren nur um ihre Selbsterhaltung gekämpft hat, ist unfähig, Träger des versöhnenden und erlösenden Wortes für die Menschen und für die Welt zu sein. Darum müssen die früheren Worte kraftlos werden und verstummen, und unser Christsein wird heute nur in zweierlei bestehen: im Beten und im Tun des Gerechten unter den Menschen . . . Die Umschmelzung* (der Gestalt der Kirche) *ist noch nicht zu Ende, und jeder Versuch, ihr vorzeitig zu neuer organisatorischer Machtentfaltung zu verhelfen, wird nur eine Verzögerung ihrer Umkehr und Läuterung sein. Es ist nicht unsere Sache, den Tag vorauszusagen – aber der Tag wird kommen – an dem wieder Menschen berufen werden, das Wort Gottes so auszusprechen, daß sich die Welt darunter verändert und erneuert. Es wird eine neue Sprache sein, vielleicht ganz unreligiös, aber befreiend und erlösend, wie die Sprache Jesu, daß sich die Menschen über sie entsetzen und doch von ihrer Gewalt überwunden werden, die Sprache, die den Frieden Gottes mit den Menschen und das Nahen seines Reiches verkündigt . . . Bis dahin wird die Sache der Christen eine stille und verborgene sein; aber es wird Menschen geben, die beten und das Gerechte tun und auf Gottes Zeit warten.*[113]

Anfang Juni 1944 taucht dann der komplementäre Begriff zu dem der *nichtreligiösen Interpretation* auf: die *mündig gewordene Welt.* Inzwischen hatte Bonhoeffer beschrieben, wie die Welt einen Lückenbüßergott abschüttelt und auf allen Lebensgebieten gegenüber der mittelalterlichen Abhängigkeit von der Kirche ihre «Autonomie» entdeckte. Diese Entwicklung zur und in der Aufklärung hatten die Kirchen bisher nur als Abfall zu verstehen gelernt. Nun schildert der Autor diese wider die Kirche entstandene Religionslosigkeit und Autonomie mit positivem Akzent als die Mündigwerdung dieser Welt: *Man* (nämlich die Kirchen in ihrer Apologetik) *versucht, der mündig gewordenen Welt zu beweisen, daß sie ohne den Vormund «Gott» nicht leben könne . . . Die Attacke der christlichen Apologetik auf die Mündigkeit der Welt halte ich erstens für sinnlos, zweitens für unvornehm, drittens für unchristlich. Sinnlos, weil sie mir wie der Versuch erscheint, einen zum Mann gewordenen Menschen in seine Pubertätszeit zurückzuversetzen, d. h. ihn von lauter Dingen abhängig zu machen, von denen er faktisch nicht mehr abhängig ist, ihn in Probleme hineinzustoßen, die für ihn faktisch nicht mehr Probleme sind. Unvornehm, weil hier ein Ausnutzen der Schwäche eines Menschen zu ihm fremden, von ihm nicht frei bejahten Zwecken versucht wird. Unchristlich, weil Christus mit einer bestimmten Stufe der Religiosität des Menschen, d. h. mit einem menschlichen Gesetz verwechselt wird . . . Die Frage heißt: Christus und die mündig gewordene Welt.*

Und wieder einen Monat später, nach einer erneuten Kritik an den kirchlichen Attacken auf die Mündigkeit und an der Spezialisierung der

Kirchen auf die *Kammerdienergeheimnisse* des Menschen, schreibt er: *Ich will also darauf hinaus, daß man Gott nicht noch an irgendeiner allerletzten heimlichen Stelle hineinschmuggelt, sondern daß man die Mündigkeit der Welt und des Menschen einfach anerkennt, daß man den Menschen in seiner Weltlichkeit nicht «madig macht», sondern ihn an seiner stärksten Stelle* (wie autobiographisch das ist!) *mit Gott konfrontiert, daß man auf alle pfäffischen Kniffe verzichtet . . .*[114]

Bis jetzt stand eine geschichtsphilosophische und theologiegeschichtliche Analyse im Vordergrund der Beschreibung des Christentums. Nun geht es dem Theologen um ein tieferes Erfassen des Christusereignisses selbst: Wer i s t er für uns heute? Nachdem er immer wieder Abgrenzungen vorgenommen hatte, kommt Bonhoeffer am 16. Juli zu einer Darstellung, die fast zu kurz und konzentriert das christologische Fazit aus dem bisherigen zieht:

Wir können nicht redlich sein, ohne zu erkennen, daß wir in dieser Welt leben müssen – «etsi deus non daretur». Und eben dies erkennen wir – vor Gott! Gott selbst zwingt uns zu dieser Erkenntnis. So führt uns unser Mündigwerden zu einer wahrhaftigeren Erkenntnis unserer Lage vor Gott. Gott gibt uns zu wissen, daß wir leben müssen als solche, die mit dem Leben ohne Gott fertig werden. Der Gott, der mit uns ist, ist der Gott, der uns verläßt. (Markus 15,34: «Mein Gott, mein Gott, warum hast Du mich verlassen?») *Der Gott, der uns in der Welt leben läßt ohne die Arbeitshypothese Gott, ist der Gott, vor dem wir dauernd stehen. Vor und mit Gott leben wir ohne Gott. Gott läßt sich aus der Welt herausdrängen ans Kreuz, Gott ist ohnmächtig und schwach in der Welt und gerade und nur so ist er bei uns und hilft uns. Es ist Matthäus 8,17* («Auf daß erfüllet würde, was gesagt ist durch den Propheten Jesaja, der da spricht: Er hat unsere Schwachheiten auf sich genommen und unsere Seuchen hat er getragen») *ganz deutlich, daß Christus nicht hilft kraft seiner Allmacht, sondern kraft seiner Schwachheit, seines Leidens!*

Hier liegt der entscheidende Unterschied zu allen Religionen. Die Religiosität des Menschen weist ihn in seiner Not an die Macht Gottes in der Welt, Gott ist der deus ex machina. Die Bibel weist den Menschen an die Ohnmacht und das Leiden Gottes; nur der leidende Gott kann helfen. Insofern kann man sagen, daß die beschriebene Entwicklung zur Mündigkeit der Welt, durch die mit einer falschen Gottesvorstellung aufgeräumt wird, den Blick frei macht für den Gott der Bibel, der durch seine Ohnmacht in der Welt Macht und Raum gewinnt. Hier wird wohl die «weltliche Interpretation» einzusetzen haben.[115]

Dieses Zentrum von Bonhoeffers Werk ist natürlich auch schon früher vorhanden, vor allem in der *Nachfolge*. Und es hat auch biographische Hintergründe. Als seine Nichte Marianne Leibholz in der Emigration konfirmiert wurde, schrieb er aus der Schweiz an seine Schwester Sabine in Oxford (21. Mai 1942): *Es ist gut, früh genug zu lernen, daß Leiden und Gott kein Gegensatz sind, sondern eher eine notwendige Einheit; für mich ist die Idee, daß Gott selber leidet, immer das weit überzeugendste Stück christlicher Lehre gewesen.*[116]

Und was bedeutet diese theologia crucis für den Menschen? Was macht den Menschen zum Christen? Der Christ erfährt im Unterschied zum «Religiösen» *die Umkehrung von allem, was der religiöse Mensch von Gott erwartet. Der Mensch wird aufgerufen, das Leiden Gottes an der gottlosen Welt mitzuleiden. Er muß also wirklich in der gottlosen Welt leben und darf nicht den Versuch machen, ihre Gottlosigkeit irgendwie religiös zu verdecken, zu verklären; er muß «weltlich» leben und nimmt eben darin an dem Leiden Gottes teil. Er* d a r f *«weltlich» leben, d. h. er ist befreit von den falschen religiösen Bindungen und Hemmungen. Christsein heißt nicht in einer bestimmten Weise religiös sein, auf Grund irgendeiner Methodik etwas aus sich machen (einen Sünder, Büßer oder einen Heiligen), sondern es heißt Menschsein, nicht einen Menschentypus, sondern den Menschen schafft Christus in uns. Nicht der religiöse Akt macht den Christen, sondern das Teilnehmen am Leiden Gottes im weltlichen Leben.*

Das ist «Metanoia», nicht zuerst an die eigenen Nöte, Fragen, Sünden, Ängste denken, sondern sich in den Weg Jesu Christi mit hineinreißen lassen, in das messianische Ereignis, daß Jesaja 53 nun erfüllt wird! . . .

Der «religiöse Akt» ist immer etwas Partielles, der «Glaube» ist etwas Ganzes, ein Lebensakt. Jesus ruft nicht zu einer neuen Religion, sondern zum Leben. Wie sieht nun aber dieses Leben aus? Dieses Leben der Teilnahme an der Ohnmacht Gottes in der Welt? Davon schreibe ich das nächste Mal, hoffentlich.[117]

Doch ehe er «das nächste Mal» schreiben konnte, war der Putsch gescheitert. Wenn man so will, stand die Fortsetzung «wie dieses Leben aussieht» in jenem Brief vom 21. Juli 1944 (s. S. 95 f). Oder auch: der Ausgang des Lebens Bonhoeffers und die Umstände seines Todes waren die Fortsetzung des hier Angekündigten, noch eindringlicher als mit der Feder geschrieben.

Aber es gab nach dem 20. Juli ja noch einen Aufschub. Und in dieser Zwischenzeit schickte Bonhoeffer die Skizze *Entwurf einer Arbeit.* Sie sagt in Stichworten, was Bonhoeffer in drei Kapiteln schreiben wollte: *1. Bestandsaufnahme, 2. Was ist eigentlich christlicher Glaube?, 3. Folgerungen.*[118]

In dieser Skizze wird noch einmal deutlich, wie Bonhoeffer durch die These Feuerbachs und des Marxismus angeregt und bedrängt worden ist, die besagt, daß Theologie nur Anthropologie, Religion ein Ausdruck jenseitiger Erfüllungsversprechen diesseitiger Wünsche und das Christentum folglich nur Überhöhung menschlicher Nöte sei. Bonhoeffer dreht diese These um. Für Feuerbach delegiert sich der Mensch an einen allmächtigen Gott; er möchte die Knechte eines despotischen Gottes zu Atheisten machen, die «Kandidaten des Jenseits zu Studenten des Diesseits». Bonhoeffer sieht in der christlichen, biblischen Gotteserfahrung das Gegenteil: nicht der Mensch delegiert sich an einen allmächtigen Gott, sondern Gott delegiert sich in der Ohnmacht seines Leidens an den Menschen. Der allmächtige deus ex machina der Religionen ist für Bonhoeffer ebenso wie für Feuerbach ein Stück *prolongierter Welt.* Das ist in seinen Begriffen nur «Religion». Aber die *Begegnung mit Jesus Christus* ist *Erfahrung, daß hier eine Umkehrung alles menschlichen Seins gegeben ist, darin, daß Jesus nur «für andere da ist». Das «Für-andere-da-sein» ist die Transzendenzerfahrung! Aus der Freiheit von sich selbst, aus dem «Für-andere-da-sein» bis zum Tod entspringt erst die Allmacht, Allwissenheit. Glaube ist das Teilnehmen an diesem Sein Jesu ... Unser Verhältnis zu Gott ist kein «religiöses» zu einem denkbar höchsten, mächtigsten, besten Wesen – dies ist keine echte Transzendenz –, sondern unser Verhältnis zu Gott ist ein neues Leben im «Dasein-für-andere», in der Teilnahme am Sein Jesu. Nicht die unendlichen, unerreichbaren Aufgaben, sondern der jeweils gegebene Nächste ist das Transzendente. Gott in Menschengestalt!, nicht wie bei orientalischen Religionen in Tiergestalten als das Ungeheure, Chaotische, Ferne, Schauerliche; aber auch nicht in den Begriffsgestalten des Absoluten, Metaphysischen, Unendlichen etc.; aber auch nicht die griechische Gott-Menschengestalt des «Menschen an sich», sondern «der Mensch für andere»! darum der Gekreuzigte.*[119]

Für Bonhoeffer bedeuten diese Gedanken, daß die Kirche, die er im Nationalsozialismus unwiederbringlich kompromittiert sah, sich gründlich verändern müsse: *Um einen Anfang zu machen, muß sie alles Eigentum den Notleidenden geben. Die Pfarrer müssen ausschließlich von den freiwilligen Gaben der Gemeinden leben, eventl. einen weltlichen Beruf ausüben. Sie muß an den weltlichen Aufgaben des menschlichen Gemeinschaftslebens teilnehmen, nicht herrschend, sondern helfend und dienend. Sie muß den Menschen aller Berufe sagen, was ein Leben mit Christus ist, was es heißt, «für andere dazusein» ... nicht durch Begriffe, sondern durch «Vorbild» bekommt ihr Wort Nachdruck und Kraft.*[120]

Dietrich Bonhoeffer hat sich nicht ausmalen können, daß seine Kirche eine Restauration erfahren könnte, wie sie nach 1945 eingetreten ist. Dieser restaurierten Kirche müssen seine Vorschläge naiv erscheinen. Dennoch spürt jeder, daß er nicht weit von der Wahrheit war und daß die Wirklichkeit einmal so aussehen könnte – wie heute etwa in Taizé.

Bonhoeffers These von der vorübergehenden Religion wird natürlich heftig attackiert. Aber die Tatsache, daß er moderne Religionskritik übte, bleibt ebenso wichtig wie das Unterscheiden von Religion und «Religion». Bonhoeffers «Religion» dürfte immer gegen solche Religion stehen, die zur Selbstbehauptung auf Kosten anderer wird.

Kritik richtet sich auch gegen eine vermeintliche Vernichtung von Kult, Frömmigkeit und Gottesdienst durch Bonhoeffer. Freilich sieht Bonhoeffer, daß die Zeit des kompromittierten Umgangs mit Christus einen Rückzug in die Verborgenheit – er sagt mit einem altkirchlichen Begriff: in die *Arkandisziplin*[121] – nötig macht; aber nicht um den Glauben aufzulösen, sondern um ihn wieder erfahrbar und mitteilbar zu machen. Solange geht es um *Beten und Tun des Gerechten.*

Kritik richtet sich ebenfalls gegen die Mündigkeitsthese. Man wirft ihr vor, sie lösche die Christusbezogenheit des Glaubens. Aber gerade die Christusbezogenheit fordert von jedem, die Mündigkeit des anderen zu fördern und zu sichern. Für Bonhoeffer ist das Vorenthalten von Mündigkeit Sünde, nicht aber die Sorge um ihre Gewährung. Welcher Mündigkeitsverweigerer dürfte sich auf Christus berufen?

Was Bonhoeffer in diesen letzten Monaten seines theologischen Denkens bewegte, hat er in einem Gedicht vom Juli 1944 formuliert, das die Überschrift *Christen und Heiden* [122] trägt:

1. *Menschen gehen zu Gott in ihrer Not,*
   flehen um Hilfe, bitten um Glück und Brot,
   um Errettung aus Krankheit, Schuld und Tod.
   So tun sie alle, alle, Christen und Heiden.
2. *Menschen gehen zu Gott in seiner Not,*
   finden ihn arm, geschmäht, ohne Obdach und Brot,
   sehn ihn verschlungen von Sünde, Schwachheit und Tod.
   Christen stehen bei Gott in seinen Leiden.
3. *Gott geht zu allen Menschen in ihrer Not,*
   sättigt den Leib und die Seele mit seinem Brot,
   stirbt für Christen und Heiden den Kreuzestod,
   und vergibt ihnen beiden.

Das theologische Thema «*Wer ist Christus für uns heute?*» und die christologische Antwort «*Jesus, der Mensch für andere*» hat in Bonhoeffers Leben dreimal Gestalt gewonnen. Eine Gestalt tauchte immer hinter der anderen auf, wenn die historischen Herausforderungen mit der alten nicht mehr abzudecken waren.

Zuerst ging es um den Frieden gegen den nationalistischen Militarismus; dann um den antisemitischen Rassismus; schließlich um das Untensein der Kirche. Jede Stufe bedeutete eine neue Frage an die Existenzweise seiner Kirche; ihre Beantwortung wurde jedesmal riskanter. Jeder neue Schritt war unpopulär und bedrohlich, – wie er das heute auch ist.

Die Beteiligung am Kampf für den Frieden machte den Nachfolger Christi zum Bundesgenossen mit den damals ungeliebten, wenigen Pazifisten.

Der Widerstand gegen den nationalsozialistischen Rassismus – der mit einer pazifistischen Friedenspredigt nicht mehr zu treffen war, weil diese Predigt das Komplicentum mit dem Mord nicht verhinderte –, machte den Prediger des Friedens zum Bundesgenossen von Verschwörern, welche die Befreiung von den Mördern anstrebten.

Im eigenen schmerzlichen Umlernen zeigte sich Bonhoeffer endlich die Vision eines Umformungsprozesses der Christenheit: Befreiung der eigenen Kirche durch die Rückkehr zur Armut, durch das Herabsteigen aus den Positionen einer hierarchischen – theologisch ebenso wie historisch, juristisch und ökonomisch gewachsenen Dominanz – herunter auf den Weg Christi unter den Menschen. Bonhoeffer ahnte wohl, in welchem Ausmaß die Ethik des Bündnisses mit den Benachteiligten zum kontroversen Thema der modernen Christenheit werden sollte.

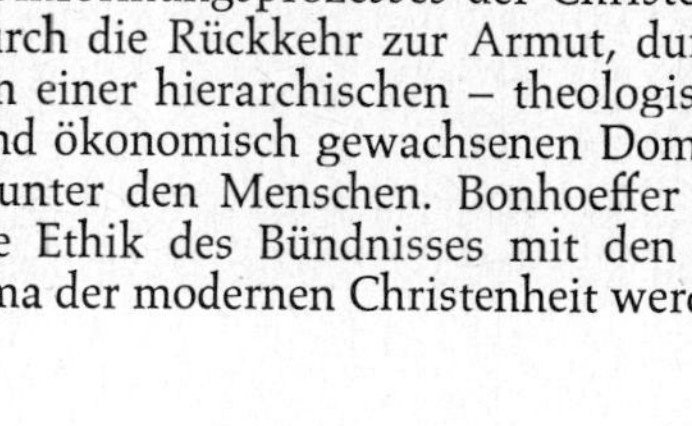

ANMERKUNGEN

1 *Gesammelte Schriften* Bd. 2. München 1959. S. 441
2 James Mark: «Bonhoeffer reconsidered». In: «Theology», November 1973, S. 586
3 *Widerstand und Ergebung.* Neuausg. München 1970. S. 245 f
4 Ebd., S. 381 f
5 In: «Deutsche Zeitschrift für Nervenheilkunde» Bd. 161, S. 5 f
6 *Widerstand und Ergebung,* a. a. O., S. 420
7 J. Zutt, E. Strauß und H. Scheller (Hg.): «Karl Bonhoeffer zum 100. Geburtstag». Berlin 1969. S. 87
8 Eberhard Bethge: «Dietrich Bonhoeffer. Theologe – Christ – Zeitgenosse». München 1967. S. 50
9 Zutt, Strauß und Scheller, a. a. O., S. 91
10 *Gesammelte Schriften,* a. a. O., S. 23 f
11 Siehe Eberhard Bethge und Ronald C. D. Jasper (Hg.): «An der Schwelle zum gespaltenen Europa». Stuttgart 1974
12 *Widerstand und Ergebung,* a. a. O., S. 95
13 Friedrich Naumann: «Briefe über Religion». Berlin 1917. S. 61
14 *Gesammelte Schriften* Bd. 6. München 1974. S. 35
15 Ebd., S. 27
16 Ebd., S. 37 f
17 Ebd., S. 42
18 *Kirche und Proletariat.* In: *Sanctorum Communio.* München 1969. S. 274 f
19 *Widerstand und Ergebung,* a. a. O., S. 147
20 *Gesammelte Schriften,* a. a. O., S. 132, 105, 168, 129
21 *Gesammelte Schriften* Bd. 3. München 1960. S. 62–84
22 Erik Peterson: «Theologische Traktate». 1951. S. 301
23 Zitate dieses Abschnitts: *Gesammelte Schriften* Bd. 1. München 1958. S. 54; *Gesammelte Schriften* Bd. 6, a. a. O., S. 367; *Gesammelte Schriften* Bd. 1, a. a. O., S. 54
24 *Gesammelte Schriften* Bd. 1, a. a. O., S. 24
25 Siehe *Gesammelte Schriften* Bd. 6, a. a. O., S. 203 f
26 *Gesammelte Schriften* Bd. 2, a. a. O., S. 41
27 In: «Hamburger Nachrichten» vom 1. Juni 1931
28 *Gesammelte Schriften* Bd. 1, a. a. O., S. 18, 118
29 Ebd., S. 145
30 Ebd., S. 155
31 Ebd., S. 155, 24, 35 f
32 *Gesammelte Schriften* Bd. 6, a. a. O., S. 216, 218
33 *Gesammelte Schriften* Bd. 1, a. a. O., S. 25–28
34 *Gesammelte Schriften* Bd. 4. München 1962. S. 66, 94
35 19. Juni 1932; zit. n. *Gesammelte Schriften* Bd. 4, a. a. O., S. 71
36 *Widerstand und Ergebung,* a. a. O., S. 300 f
37 *Gesammelte Schriften* Bd. 6, a. a. O., S. 367 f
38 Siehe *Gesammelte Schriften* Bd. 2, a. a. O., S. 19–38
39 Ebd., S. 35, 37
40 *Gesammelte Schriften* Bd. 1, a. a. O., S. 38
41 In: *Der Vormarsch;* zit. n. *Gesammelte Schriften* Bd. 2, a. a. O., S. 44–53

42 *Gesammelte Schriften* Bd. 2, a. a. O., S. 48
43 Ebd., S. 90–119
44 Beide Briefe in: *Gesammelte Schriften* Bd. 2, a. a. O., S. 130–137
45 Brief von Karl Bonhoeffer vom 22. Dezember 1933 [unveröff.]
46 *Gesammelte Schriften* Bd. 2, a. a. O., S. 157
47 Gerhard Niemöller: «Die erste Bekenntnissynode der DEK zu Barmen». Göttingen 1959. Bd. 2, S. 56
48 *Gesammelte Schriften* Bd. 6, a. a. O., S. 350 f
49 *Gesammelte Schriften* Bd. 1, a. a. O., S. 187
50 Ebd., S. 216, 218 f
51 Ebd., S. 40, 42 f
52 *Gesammelte Schriften* Bd. 2, a. a. O., S. 458
53 Ebd., S. 284 f
54 Ebd., S. 538, 344
55 Ebd., S. 238; vgl. dazu ebd., S. 217–263 sowie *Gesammelte Schriften* Bd. 6, a. a. O., S. 401–414
56 *Gesammelte Schriften* Bd. 1, a. a. O., S. 42
57 *Gesammelte Schriften* Bd. 2, a. a. O., S. 308–315
58 Siehe z. B. J. Beckmann: «Kirchliches Jahrbuch 1933–1944». Gütersloh 1948. S. 351–356
59 *Gesammelte Schriften* Bd. 1, a. a. O., S. 281 f
60 Ebd., S. 297, 302 f, 304–306, 320, 314 f
61 *Gesammelte Schriften* Bd. 6, a. a. O., S. 531–534
62 *Gesammelte Schriften* Bd. 1, a. a. O., S. 355–371
63 *Gesammelte Schriften* Bd. 2, a. a. O., S. 640–643
64 Siehe *Gesammelte Schriften* Bd. 6, a. a. O., S. 581, 635–637
65 *Widerstand und Ergebung*, a. a. O., S. 195 f
66 *Gesammelte Schriften* Bd. 2, a. a. O., S. 420
67 *Ethik*. München 1963. S. 77 f
68 Ebd., S. 120 f
69 Ebd., S. 254
70 Zit. n. *Widerstand und Ergebung*, a. a. O., S. 11–27
71 Ebd., S. 13 f, 14 f, 16 f, 27
72 Ebd., S. 47
73 Ebd., S. 279 f, 375
74 Ebd., S. 70, 76
75 Siehe ebd., S. 70–86
76 Ebd., S. 79
77 Ebd., S. 303 f
78 Ebd., S. 401 f
79 Ebd., S. 403
80 Siehe Bethge, a. a. O., S. 1011 sowie *Gesammelte Schriften* Bd. 6, a. a. O., S. 590 f
81 Hugh Falconer an Gerhard Leibholz am 1. Oktober 1945; zit. n. Bethge, a. a. O., S. 1033
82 *Gesammelte Schriften* Bd. 1, a. a. O., S. 412
83 Siehe Bernadette Morand: «Les Écrits des prisonniers politiques» [Dissertation Sorbonne 1974]
84 *Widerstand und Ergebung*, a. a. O., S. 181 f

85 Ebd., S. 182 sowie Rückübersetzung aus einem Aufsatz von Maria von Wedemeyer-Weller, in dem sie aus ihren Briefen zitiert: «The Other Letters from Prison» in: «Union Seminary Quarterly Review» XXIII/1967, Nr. 1, S. 29
86 *Widerstand und Ergebung*, a. a. O., S. 189
87 Ebd., S. 187 f, 262 f, 340 f
88 Ebd., S. 183
89 Ebd., S. 166 f
90 Ebd., S. 63, 143
91 *Gesammelte Schriften* Bd. 3, a. a. O., S. 479 f
92 *Widerstand und Ergebung*, a. a. O., S. 25 f
93 Deutsch: «Gott ist anders». München 1963
94 *Gesammelte Schriften* Bd. 3, a. a. O., S. 244 f
95 *Gesammelte Schriften* Bd. 1, a. a. O., S. 145
96 Ebd., S. 26
97 Clifford Green: «The Sociality of Christ and Humanity. D. Bonhoeffers Early Theology, 1927–1933» [Dissertation New York 1971]
98 *Gesammelte Schriften* Bd. 5. München 1972. S. 187 sowie Bethge, a. a. O., S. 1049
99 *Sanctorum Communio*, a. a. O., S. 171
100 Karl Barth: «Kirchliche Dogmatik» Bd. IV/2, S. 725
101 *Akt und Sein*. München 1964. S. 67 f
102 *Nachfolge*. 7. Aufl. München 1961. S. 13–15, 20 f, 22, 24 f, 35
103 *Gesammelte Schriften* Bd. 3, a. a. O., S. 25
104 *Widerstand und Ergebung*, a. a. O., S. 401
105 *Ethik*, a. a. O., S. 385–395
106 Ebd., S. 219
107 Ebd., S. 285, 315 f, 314
108 Ebd., S. 140 f
109 Ebd., S. 208 f
110 *Widerstand und Ergebung*, a. a. O., S. 413–416
111 Ebd., S. 304–308
112 Ebd., S. 312
113 Ebd., S. 328
114 Ebd., S. 357 f, 360, 379 f
115 Ebd., S. 394
116 *Gesammelte Schriften* Bd. 6, a. a. O., S. 557
117 *Widerstand und Ergebung*, a. a. O., S. 395 f
118 Ebd., S. 413–416
119 Ebd., S. 414
120 Ebd., S. 415 f
121 Ebd., S. 306, 312, 328
122 Ebd., S. 382

ZEITTAFEL

VITA

4. Februar: als 6. von 8 Geschwistern in Breslau geboren.
Der Vater, Karl Bonhoeffer, als Neurologe nach Berlin berufen

Walter Bonhoeffer, ein Bruder, in Frankreich gefallen

Theologiestudium in Tübingen, Rom, seit 1924 in Berlin

Promotion mit *Sanctorum Communio* (erschienen 1930)
Vikariat in Barcelona
Assistent an der Theologischen Fakultät Berlin bei W. Lütgert
Juli: 2. theologisches Examen, Habilitation mit *Akt und Sein*
September: New York, Union Theological Seminary Studienjahr

Juli: 2 Wochen bei Karl Barth in Bonn

September: Cambridge-Konferenz, ökumenischer Jugendsekretär

Oktober: Studentenpfarramt und Dozentur
November: Ordination, Konfirmandenklasse in Berlin-Wedding
Mai: Hütte in Biesenthal für Studenten und Konfirmanden

April: Vortrag *Die Kirche vor der Judenfrage*
Mai: Schwager H. v. Dohnanyi persönl. Referent bei Justizminister

18. Juli: Bei der Gestapo in der Prinz-Albrecht-Straße
August: *Betheler Bekenntnis* gegen die «Deutschen Christen»

7. September: Selbstverpflichtungsentwurf für Pfarrernotbund
27. September: Protest der 2000 auf Wittenberger Nationalsynode
17. Oktober: Antritt des Pfarramts in London

6. März: Zitiert zum Auslandsbischof, freie Synode in Berlin

August: Kooption in den Ökumenischen Rat auf Fanö

November: Londoner lösen sich von der Reichskirchenregierung

	Politica	Ecclesiastica
1906		
1912		
1914	6. Aug: Eroberung Lüttichs	Weltbund für Freundschaftsarbeit der Kirchen gegründet
1918		Karl Barths Römerbrief 1. Aufl.
1919	28. Juni: Versailler Vertrag	
1923	Nov: 1 Dollar = $2^{1}/_{2}$ Bill. RM	
1925		Life and Work, Stockholm
1927		Faith and Order, Lausanne
1928		
1929	3. Okt: Stresemann gestorben	
1930		10. Juni: A. v. Harnack gestorben
	Sept: NSDAP von 12 auf 107 Mandate	
1931		Althaus, Hirsch-Anti-Ökumene-Erklärung
	Sept: Japans Einfall i. d. Mandschurei	
	Okt: Harzburger Front	
	Dez: 5,7 Mill. Arbeitslose	
1932	30. Mai: Rücktritt Brünings	Aug: Bell Präsident v. Life and Work
1933	30. Jan: Hitler Reichskanzler	
	März: Verordg. z. Schutz v. Volk u. Staat, Heimtücke-Ermächtigungsgesetz	
	Apr: Boykott jüdischer Geschäfte und antijüd. «Gesetz z. Wiederherstellung des Berufsbeamtentums»	Apr: Reichstagung der «DC» Mai: Jungreformatoren; Bodelschwingh Reichsbischof, Juni: Rücktritt
	20. Juli: Konkordat mit dem Vatikan	23. Juli: Kirchenwahl, ca. 75 % «DC», Rückzug der Jungreformatoren aus d. Kirchenpolitik
		5. Sept: Braune Synode, Arierparagr.
		27. Sept: L. Müller Reichsbischof
		13. Nov: Krauses Sportpalastrede
1934		25. Jan: Kirchenführer bei Hitler
		Febr: Th. Heckel «Auslandsbischof»
		Apr: Landeskirchen-Gleichschaltung
	30. Juni: «Röhm-Putsch»	31. Mai: Barmer Bekenntnissynode
	2. Aug: Hindenburgs Tod, Hitler als Präsident u. Kanzler «Der Führer»	Aug: Ökum. Konferenz auf Fanö
		20. Okt: Dahlemer Bekenntnissynode, Erklärung des kirchl. Notrechtes
	6. Nov: Ribbentrop bei Bell	
	Dez: Wirtschaftsdispute mit London	22. Dez: Barth in Bonn entlassen

April: Leiter des Predigerseminars, zunächst Zingsthof-Ostsee

24. Juni: Einzug des Seminars in Finkenwalde bei Stettin
September: Antrag auf Gründung eines «Bruderhauses»

Februar: Letztes Kolleg an der Berliner Universität
März: Studienfahrt des Seminars nach Dänemark und Schweden

Juni: Kontroverser Aufsatz *Zur Frage nach der Kirchengemeinschaft*

August: Lehrverbot des Kultusministers für die Universität
Februar: Rückzug aus ökumenischen Ämtern nach Londoner Sitzung

1. Juli: Während der Haussuchung arretiert in Niemöllers Haus

Oktober: Polizei versiegelt Finkenwalder Haus

November: *Nachfolge* ersch., Sammelvikariate in Hinterpommern

Januar: Sitzungsauflösung und Ausweisung aus Berlin
Februar: H. v. Dohnanyi mit Oster Bearbeiter des Falles Fritsch, erste Kenntnisse von Umsturzplanungen

September: *Gemeinsames Leben* (ersch. 1939); Leibholz wandern aus

März: England; Bell, R. Niebuhr, Hodgson, Visser 't Hooft getroffen
Juni: Einen Monat in New York
25. August: H. v. Dohnanyi Sonderführer in OKW-Abwehr bei Canaris
September: Versuche, in der Heeresseelsorge zu arbeiten

17. März: Gestapo versiegelt Sammelvikariat Sigurdshof

Juni: Erste Visitationsreise in Ostpreußen für die BK
Juli: Zweite Reise, endet mit Auflösung einer Konferenz in Blöstau
August: Dritte Reise mit Aufträgen von Oster f. d. Abwehr
9. September: Redeverbot u. polizeiliche Meldepflicht in Schlawe

	Politica	Ecclesiastica
1935	13. März: Allgemeine Wehrpflicht	Kanzelabkündigung, 715 Verhaftungen
	16. Juli: Kerrl Kirchenminister	4. Juni: Augsburger Bekenntnissynode
	15. Sept: Nürnberger Gesetze	
	24. Sept: Gesetz z. Sicherung d. DEK	17. Okt: Reichskirchen-Ausschuß
1936		Febr: Bekenntnissynode Oeynhausen, 2. Vorläufige Kirchenleitung
	7. März: Rheinland remilitarisiert	28. Mai: VKL-Denkschrift an Hitler, am 23. Juli vorzeitig in «Basler Nachrichten»
	Juli: Franco-Putsch in Marokko	
1937	15. Febr: Hitler-Erlaß f. Kirchenwahl, die nie stattfand	12. Febr.: Reichkirchenausschußrücktritt
		1. Juli: Niemöller verhaftet
	Sept: Himmler-Erlaß gegen BK-Ausbildung	Juli: Oxford-Konferenz ohne Deutsche
	6. Nov: Italien im Antikominternpakt	Dez: Predigerseminarleiter H. Iwand in Haft
1938	4. Febr: Fritsch-Krise	2. März: Niemöller ins KZ trotz Freispruch
	12. März: Invasion und Anschluß Österreichs	20. Apr: Pfarrereid auf Hitler als Geburtstagsgeschenk
	August: «Israel»- und «Sarah»-Stempel in jüdische Pässe	
	29. Sept: Münchner Abkommen	19. Sept: Barths Hromádka-Brief
	9. Nov: «Reichskristallnacht»	27. Sept: Gebetsliturgie der VKL zur Sudetenkrise
1939	15. März: Invasion nach Prag, Errichtung des Protektorates	28. Jan: BK-Synode Nikolassee: Solidarität mit den «Illegalen»
	24. Aug: Deutsch-Sowjet. Pakt	
	1. Sept: Invasion Polens	
	3. Sept: Kriegserklärung Englands	2. Sept: Aufruf d. «Geistlichen Vertrauensrates f. Führer u. Reich» (Hymmen, Marahrens, Schultz)
	8. Nov: Attentat im Bürgerbräukeller	
1940	Febr: «X-Bericht» fertig	
	9. Apr: Invasion Dänemarks u. Norwegens	14. März: Greisers 13 Punkte für die Kirchen des Warthegaus
	10. Mai: Invasion der Benelux-Länder und Frankreichs	
	17. Juni: Frankreichs Kapitulation	
	22. Juni: Compiègne	
	Sept: Luftschlacht über England	

Oktober: Zuordnung zur Abwehrstelle München

November: Für Monate Gast in der Abtei Ettal

März: Erste Schweizer Reise u. a. z. Barth u. Visser 't Hooft
März: Druck- und Veröffentlichungsverbot

September: Zweite Schweizer Reise, Putschandeutungen an Paton
Oktober: Rettungsaktion m. d. Abwehr f. einige Juden

November: Schwere Lungenentzündung in Berlin

Frühjahr: Warnung vor spezieller Post- und Telefonüberwachung
10.–18. April: Norwegen-Reise mit Helmuth James von Moltke
10.–24. Mai: Dritte Schweizer Reise
30. Mai–2. Juni: Schwedentreffen mit Bell; Putschmitteilungen
Juni: Beim Freiburger Kreis v. Ritter, Lampe, v. Dietze u. a.

Juli: Mit H. v. Dohnanyi in Rom, Vatikan und Venedig
Oktober: Konsul Schmidhuber v. d. Münchener Abwehr verhaftet

17. Januar: Verlobung mit Maria von Wedemeyer

Februar: H. v. Dohnanyi in Smolensk zu Treskows Attentatsvorbereitung

31. März: Goethemedaille f. Karl Bonhoeffer zum 75. Geburtstag
5. April: Verhaftung mit H. v. Dohnanyi, J. Müller u. ihren Frauen

Juli: Anklage-Vorbereitung wegen «Zersetzung der Wehrkraft»

Januar: Kutzner löst Untersuchungsführer Roeder ab und schiebt Anklage auf unbestimmt auf
30. Juni: Stadtkommandant P. v. Hases, des Onkels, Besuch im Gefängnis Tegel

Oktober: Klaus Bonhoeffer, Rüdiger Schleicher u. E. Bethge verhaftet
8. Oktober: Überführung i. d. Gestapokeller Prinz-Albrecht-Straße
7. Februar: Ins KZ Buchenwald, ab 3. April weitertransportiert ostwärts
9. April: In Flossenbürg m. Canaris, Oster u. a. gehängt, H. v. Dohnanyi in Sachsenhausen getötet

23. April: Klaus Bonhoeffer und Rüdiger Schleicher ermordet

	Politica	Ecclesiastica
	28. Okt: Italiens Invasion nach Griechenland	
	Nov: Erfassungsaktion d. Schrifttumskammer	19. Nov.: Grüber ins KZ, Staemmler verhaftet
1941	Apr: Invasion des Balkans	6. Mai: 23 Prüfungsausschußmitglieder der BK verhaftet, Prozeß im Dezember
	6. Juni: Hitlers Kommissarbefehl	
	22. Juni: Invasion der Sowjet-Union	
	1. Sept: Judenstern-Verordnung	
	16. Okt: Erste Deportation aus Berlin	Dez: Wurm-Aufruf z. Einigungswerk: «An die evangelischen Pfarrer in Deutschland»
	7. Dez: Pearl Harbor, USA im Krieg	
1942	20. Jan: Wannseekonferenz «Endlösung»	
	4. Juni: Attentat auf Heydrich	
	30. Juni: Bell bei Eden zum Bericht	
	23. Juli: Absage-Telegramm Bells	
	8. Nov: Alliierte landen in Nordafrika	
1943	14. Jan: Casablanca, Unconditional surrender	
	Febr: Schlacht um Stalingrad zu Ende	
	13. u. 21. März: Attentatsversuche von Treskow, Schlabrendorff u. Gersdorf	16. Okt: Letzte Bekenntnissynode in Breslau, Wort zum 5. Gebot, gegen Vernichtung von Nichtariern und «unwerten Lebens»
	25. Juli: Staatsstreich Badoglios	
	Sept: Himmler Innenminister	
1944	Febr: Canaris suspendiert, Abwehr dem RSHA eingegliedert	
	6. Juni: Alliierte landen in der Normandie	
	20. Juli: Stauffenbergs Attentat	
	22. Sept: Aktenfund in Zossen	
1945	5. Apr: Mittagsbesprechung bei Hitler, Vernichtungsanordnung d. Canaris-Gruppe an Huppenkothen	
	30. Apr: Selbstmord Hitlers	

ZEUGNISSE

Willem Adolf Visser 't Hooft
(Über das erste Treffen mit Bonhoeffer im März 1939)

Wir hatten viel voneinander gehört. Aber es war nun doch eine Überraschung, daß wir so schnell durch die Zone der ersten Fühlungnahme hindurch in die tieferen Zonen des wirklichen Gespräches vorstoßen konnten, ja, daß er mich bald wie einen alten Freund behandelte ... Er beschrieb die Lage seiner Kirche und seines Landes. Merkwürdig illusionslos und manchmal fast hellsehrisch sprach er von dem kommenden Krieg, der bald, wohl im Sommer losgehen werde. Die Bekennende Kirche würde damit in eine noch größere Not hinein getrieben ... War nun die Stunde nicht gekommen, um einer bewußt auf Krieg lossteuernden Regierung, die alle Gebote übertritt, den Dienst zu verweigern? Aber welche Konsequenzen würde eine solche Haltung für die Bekennende Kirche haben? Ich erinnere mich seiner Fragen besser als seiner Antworten. Ich glaube aber, daß ich mehr von seinen Fragen gelernt habe, als er von meinen Antworten. In der undurchsichtigen Welt zwischen «München» und «Warschau», worin fast keiner die wirklichen Probleme klar formulieren wagte, war diese fragende Stimme wie eine Befreiung.

Gedenkheft. 1945

Payne Best
(englischer Offizier und KZ-Genosse in Buchenwald 1945)

Er war fröhlich und aufgelegt, jeden Scherz zu erwidern. Bonhoeffer war ganz Bescheidenheit und Freundlichkeit. Er schien immer eine Atmosphäre von Vergnügtheit um sich zu verbreiten, von Freude an den kleinsten Ereignissen des Lebens und von Dankbarkeit für die bloße Tatsache, daß er lebte ... Er war einer der ganz wenigen Männer, die ich je getroffen habe, denen ihr Gott immer nahe und wirklich war.

Paul Lehmann
(Freund Bonhoeffers in den USA, Theologieprofessor)

Seine aristokratische Haltung war unverkennbar, jedoch nicht aufdringlich; vor allem, wie ich meine auf Grund seiner unersättlichen Neugierde für jede neue Umgebung, in der er sich vorfand, wie auch auf Grund seines unwiderstehlichen und nie versagenden Sinnes für Humor. So konnte er, ohne zu verletzen, vorschlagen, daß wir besser nicht zusammen Tennis spielen sollten, weil er im Gegensatz zu mir über eine gewisse Meisterschaft in diesem Spiel verfügte ... Dazu kam seine Fähigkeit, sich selbst und die eigene Welt aus einer anderen als der eigenen Sicht zu betrachten. Dieses Paradox in Bonhoeffers Herkunft und Nationalität scheint mir in den weiteren Jahren immer größer geworden zu sein und ihn zu einem erregenden und eindrücklichen Beispiel für den Triumph über jede Art von Provinzialismus gemacht zu haben.

Reinhold Niebuhr

Die Geschichte Bonhoeffers verdient aufgezeichnet zu werden. Sie gehört in die moderne Geschichte der Apostel ... Trotz seiner Jugend – er war erst in den Dreißigern – war er einer der einflußreichsten Leiter im kirchlichen Widerstand in Deutschland. Er war gewiß der unnachgiebigste und der tapferste ... Er war ein glänzender junger Theologe, der eine tiefe Frömmigkeit mit einem hohen Grad an intellektueller Differenziertheit verband ...

Man kann mit Sicherheit voraussagen, daß sein Leben und sein Tod eine der Quellen der Gnade für eine neue Kirche in einem neuen Deutschland werden wird ... Man hatte geglaubt, daß sein Leben für das Werk der Kirche nach dem Kriege aufgespart werden solle ... Bonhoeffer besaß bemerkenswert klare religiöse Einsichten und dazu die Reinheit einer völlig hingegebenen Seele. Wenn man bedenkt, vor wie kurzer Zeit er erst politische und soziale Interessen entwickelt hatte, war der Scharfsinn, mit dem er politische und militärische Entwicklungen einschätzte, besonders bemerkenswert ...

Bonhoeffer, im Augenblick weniger bekannt als Niemöller, wird eines Tages viel bekannter sein. Nicht nur der Märtyrertod, sondern auch seine Taten und Entwürfe enthalten die Hoffnung für einen neubelebten protestantischen Glauben in Deutschland. Das wird ein tieferer Glaube sein als der vieler seiner Kritiker. Darin wird man gelernt haben, den einen verhängnisvollen Fehler des deutschen Protestantismus zu überwinden, nämlich die volle Auseinanderreißung von Glaube und politischem Leben.

Juni 1945

George Bell, Bischof von Chichester

Ich lernte ihn kennen in London während der ersten Zeit des bösen Regimes. Er war es, durch den ich in engster Freundschaft den wirklichen Charakter des Konfliktes erkennen lernte, mehr als durch irgendeinen anderen Deutschen. Ich hege keinen Zweifel, daß er in seiner deutschen Gemeinde eine gute Arbeit geleistet hat. Aber während seiner Zeit als Pastor in England hat er außer seine Landsleute auch viele andere belehrt. Er war glasklar in seinen Überzeugungen. So jung er war, so demütig blieb er. Er sah die Wahrheit und sprach sie aus, ohne einen Anflug von Furcht.

Vorwort zur englischen Ausgabe der «Nachfolge», 1948

Harvey Cox

Selbstverständlich, Bonhoeffer ist mißverstanden und mißbraucht worden. Und das wird sich wiederholen! Selbstverständlich, theologische Eigenheiten sind immer gefährlich! Aber wir sind keineswegs fertig mit Bonhoeffer. Ich glaube auch nicht, daß wir über ihn hinweg weitergehen können, ehe wir nicht beginnen, die Art von Kirche zu werden, die wir seiner Meinung nach sein müßten; nämlich eine Kirche, welche an der Grenze des Unglaubens lebt, welche gezielt und spezifisch zu ihrer Epoche spricht, welche die Botschaft und Mission nicht mehr zu ihrem eigenen Trost gestaltet, sondern für die Gesundheit und für die Erneuerung der Welt.

1965

Karl Barth (an Eberhard Bethge)

Es bestand in dem durch die Problematik seiner lutherischen Tradition belasteten Deutschland ein «Nachholbedarf» gerade in der von mir stillschweigend vorausgesetzten oder nur nebenbei betonten Richtung: Ethik – Mitmenschlichkeit – dienende Kirche – Nachfolge – Sozialismus – Friedensbewegung – und in und mit dem Allen, eben Politik. Diese Lükke und diese Notwendigkeit, sie auszufüllen, hat Bonhoeffer offenbar von Anfang an scharf und dann immer schärfer empfunden und auf breiter Front zur Aussprache gebracht. Und – hoffentlich entscheidend! – war und ist es diese längst fällige und nun von ihm so wuchtig vertretene Ergänzung, die – jedenfalls weithin – das Geheimnis des Eindrucks ist, den er, besonders indem er auch noch ein Märtyrer gerade in dieser Sache wurde, mit Recht gemacht hat und noch macht.

22. Mai 1967

Dmitrij M. Ugrinovich
(Professor für dialektischen und historischen Materialismus, Moskau)

Eine wichtige und originale Figur unter den protestantischen Theologen mit einer «sozialen» Tendenz war der deutsche lutherische Pastor und Theologe Dietrich Bonhoeffer. Sein persönliches Schicksal und das seiner Gedanken waren in keiner Weise durchschnittlich ... Bonhoeffer ging eigene Wege, unabhängig von seinen geistigen Vorläufern. Von Anfang an war sein wesentliches Interesse nicht gefangen von dogmatischen und eigentlich religiösen, sondern von sozialen Problemen ...

Bonhoeffer hat zum erstenmal den Begriff der mündig werdenden Welt in die theologische Literatur eingeführt ...

Es ist nicht schwierig, zu bemerken, daß Bonhoeffer alle grundlegenden Inhalte traditioneller christlicher Glaubenslehre verwirft. Die christliche Darstellung von Gott, vom Übernatürlichen in der anderen Welt wird von ihm einer harten und in vieler Beziehung richtigen Kritik unterzogen ...

Wenn wir absehen von einigen vagen theologischen Ideen Bonhoeffers, die uns nicht sehr interessieren, wie die vom christlichen Gott, der ein leidender Gott und ein mit den Menschen mitleidender Gott sei, unterschieden von den Göttern anderer Religionen, die dem Menschen als fremde und machtvolle Wesen gegenüberstehen, dann sieht Bonhoeffer das Wesen der christlichen Glaubenslehre in der evangelischen Lehre von der Nächstenliebe ... Die ethischen Ansichten Bonhoeffers tragen sozial-aktiven Charakter ...

So besteht für Bonhoeffer das Wesen des Christentums nicht in einer Anerkennung Gottes, nicht einem Glauben an ihn als den Schöpfer der Welt, sondern in der Realisierung christlicher Ethik im menschlichen Verhalten.

1968

James Mark

Ohne die Briefe an Bethge wäre Bonhoeffer eine heroische Gestalt aus der Geschichte der Bekennenden Kirche und als Autor ein interessanter junger Theologe, dessen vielversprechende Begabung nie zur Erfüllung gekommen ist. Es wäre sogar schwierig, anzugeben, welche Art von Vollendung er erreicht hätte. Was jedoch im letzten Teil seines Lebens geschah ist zugleich eine große Tragödie und eine unschätzbare, von der Vorsehung geschenkte Gabe an die ganze Kirche, wie man auch immer ihre Grenzen ziehen mag. Diese Briefe und Zettel bieten uns die bedeutendsten und fruchtbarsten Einsichten unserer Zeit. Daß man das von einem so kurzen und fragmentarischen Dokument sagen kann, ist schon an sich bedeutsam. Er hat die Möglichkeiten von Theologie an den Grenzen zeitgenössischer Erfahrung wirklich ausgeforscht.

1973

BIBLIOGRAPHIE

I. Veröffentlichungen zu Lebzeiten Bonhoeffers

1. Werke

Sanctorum Communio. Eine dogmatische Untersuchung zur Soziologie der Kirche. Berlin 1930. 4. erw. Ausg. München 1969. 292 S. – engl. 1963; jap. 1963; span. 1969; franz. (Auswahl) 1970

Akt und Sein. Transzendentalphilosophie und Ontologie in der systematischen Theologie. Berlin 1931. 3. Aufl. München 1964. 114 S. – engl. 1962; jap. 1968; franz. (Auswahl) 1970; ital. 1985

Schöpfung und Fall. Eine theologische Auslegung von Genesis 1–3. München 1934. 5. Aufl. 1968. 120 S. – engl. 1959; jap. 1968; franz. (Auswahl) 1970; span. 1971

Nachfolge. München 1937. 16. Aufl. 1986. 293 S. – engl. 1948; norw. 1956; dän. 1957; franz. 1962; portug. 3. Aufl. 1989; holl. 6. Aufl. 1964; ital. 1964; finn. 1965; korean. 1965; jap. 1966; arab. 1966; span. 3. Aufl. 1986; Afrikaans (Ausw.); schwed. 1976; brasil. 1980

Gemeinsames Leben. München 1939. 21. Aufl. 1985. 110 S. – franz. 1947 (Neuaufl. 1988); holl. 1952; engl. 1954 (22. Aufl.); dän. 1958; chines. 1958; jap. 1960; finn. 1962; portug. 1963; span. 3. Aufl. 1986; ital. 1969; schwed. 1971; Afrikaans (Ausw.); DDR 4. Aufl. 1980; norw. 1980

Das Gebetbuch der Bibel: Eine Einführung in die Psalmen. Salzuflen 1940. 13. Aufl. 1989. 48 S. – span. 1974; engl. 3. Aufl. 1983; ital. 4. Aufl. 1981; franz. 1968; slow. 1971; holl. 1971; norw. 1979. Jetzt in: GS IV, 544–569. – Außerdem in: «Beten mit der Bibel», Furche-Stundenbuch 91 (1970)

2. Aufsätze

Theologische Thesen. Zur Promotion 17. 12. 1927. Buchdruckerei Ebering, Berlin. Jetzt in: GS III, 47

Concerning the Christian Idea of God. In: Journal of Religion. Vol. XII. 2. April 1932. S. 177–185. Jetzt in: GS III, 100–109

Glaubst Du, so hast Du. Versuch eines lutherischen Katechismus. Verfaßt zusammen mit Franz Hildebrandt. In: Monatsschrift f. Pastoraltheologie Jg. 28,5/6 (1932) S. 167–172. Jetzt in: GS III, 248–257 – engl. 1965

Evangelische Studentenseelsorge an der Technischen Hochschule. In: Die Technische Hochschule 9 (Febr. 1932). S. 200. Jetzt in: GS IVI, 215 f

Zur theologischen Begründung der Weltbundarbeit. In: Die Eiche Jg. 20,4 S. 334–344. Jetzt in: GS I, 140–158 – engl. 1965; franz. 1970

Dein Reich komme. In: Stimmen aus der deutschen christlichen Studentenbewegung 1933. S. 29–42 – Außerdem in: Furchebücherei 146 (1957), S. 5–20 und Furche-Stundenbuch 91. Jetzt in: GS III, 270–285 – engl. 1965; jap. 1969; ital. 1949; franz. 1970; span. 1974

Was ist Kirche? In: Der Vormarsch. Evgl. Monatsschrift dür Politik und Kultur 3,1 (Januar 1933) S. 8–10. Jetzt in: GS III, 286–291 – engl. 1965

Wandlung des Führerbegriffs in der jungen Generation. In: Funkstunde (Jan. 1933) S. 4. Jetzt in: GS II, 18–21

Der Führer und der Einzelne in der jungen Generation. In: Kreuzzeitung (25. Februar 1933). Jetzt in: GS II, 22–38 – engl. 1965

Die Kirche vor der Judenfrage. In: Der Vormarsch 3 (6. Juni 1933) S. 171–176. Jetzt in: GS II, 44–53 – engl. 1965

Was soll der Student der Theologie heute tun? In: Literaturverzeichnis für die Vorlesungen an der Universität Berlin und an der Hochschule für Politik. Berlin, Wintersemester 1933/34. Collignon. Jetzt in: GS III, 243–247

Die Bekennende Kirche und die Ökumene. In: Evangelische theologie 7 (1935) S. 245 bis 261. Jetzt in: GS I, 240–261 – engl. 1965; franz. 1970

König David. Drei Stunden Bibelarbeit in Finkenwalde. In: Junge Kirche 4, 2.4.5. (1936) S. 64–69, 154–161, 197–203. Jetzt in: GS IV, 294–320 – jap. 1969

Der Wiederaufbau Jerusalems nach Esra und Nehemia. Bibelarbeit. In: Junge Kirche 4,14 (1936) S. 653–661. Jetzt in: GS IV, 321–335 – jap. 1969

Zur Frage nach der Kirchengemeinschaft. In: Evangelische Theologie 7 (1936) S. 214 bis 233. Jetzt in: GS II, 217–241 – engl. 1966; franz. 1970

Fragen (zur Kritik am vorstehenden Aufsatz). In: Evangelische Theologie 10 (1936) S. 405–410. Jetzt in: GS II, 255–263 – engl. 1966

3. Berichte

Tagung des Weltbundes für internationale Freundschaftsarbeit der Kirchen in Cambridge. 1.–5. September 1931. In: Theologische Blätter 10 (1931) Sp. 299f. Jetzt in: GS I, 113–117 – engl. 1965

Englisch-französische Jugendkonferenz des Weltbundes in Epsom. 4.–8. April 1932. In: Die Eiche 20,3 (1932) S. 260f. Jetzt in: GS I, 119f

Theologische Konferenz der Mittelstelle für ökumenische Jugendarbeit am 29.–30. April 1962. In: Die Eiche 20,4 (1932) S. 361–365. Jetzt in: GS I, 121–132 – engl. 1965

Jugendkonferenz des Weltbundes. In: Die Eiche 20,4 (1932) S. 365–367. Jetzt in: GS I, 171–174

Kirche, Jugend, Friede. Zu den Jugendtagungen des Weltbundes. In: Tägliche Rundschau, Oktober 1932. Jetzt in: GS I, 175–178

Jahresbericht 1933/34 Gemeinde Sydenham-London. In: Berichte über das 59. Jahr der Deutschen Evangelischen Gemeinde zu Sydenham. S. E. Finsbury Press. London 1934. S. 3–6. Jetzt in: GS II, 164–166

Jahresbericht 1934/35 Gemeinde Sydenham-London. In: Berichte über das 60. Jahr der Deutschen Evangelischen Gemeinde zu Sydenham. S. E. Finsbury Press. London 1935. S. 3–6. Jetzt in: GS II, 200–202

4. Ansprachen und Predigten

Rede zum Gedächtnis Adolf von Harnacks am 15. Juni 1930 in der Kaiser-Wilhelm-Gesellschaft. In: Protestantenblatt 63.26 (1930) S. 402f – Außerdem in: Adolf von Harnack zum Gedächtnis. Reichsdruckerei Berlin 1930. S. 15f. Jetzt in: GS III, 59–61

Appeal to the Minister of the Old Prussian Union. The Jewish-Christian Question as Status Confessiones. In: Ch. S. Macfarland, The New Church and the New Germany. 1934, 69–71. Jetzt in: J. Glenthoj, Dokumente zur Bonhoeffer-Forschung 1928–1945. *Mündige Welt* V. 1969. S. 103f – Außerdem: GS VI, 272–274

Neujahrsandacht Lukas 9,57–62 «Anfang mit Christus». In: Gemeindebote für die deutschen Evangelischen Gemeinden in Großbritannien 1 (1934) S. 1–2. Jetzt in: GS IV, 171–174.

Trauerfeier Julie Bonhoeffer, Psalm 90. In: Familien-Sonderdruck. M. L. G. Eisemann. Berlin 1936. Jetzt in: GS IV, 456–460.

Lesepredigt für den Sonntag nach Neujahr. Mat. 2,13–23. In: Predigtbuch «Meine Worte werden nicht vergehen». Hg. J. Beckmann und Fritz Linz. Gütersloh 1940. S. 42–46. Jetzt in: GS IV, 473–479 – jap. 1969

Vier Predigtmeditationen über johanneische Prikopen: Quasimodogeniti Joh. 20,19 bis 31; Misericordias Domini 10,12–16; Erster Pfingsttag 14,23–26; Zweiter Pfingsttag 3,16–21. In: Herr, tue meine Lippen auf. Eine Predigtreihe. Hg. G. Eichholz. Wuppertal 1941. Bd. 1, 120–127, 141–149. Jetzt in: GS IV, 480–504 – jap. 1969

5. Besprechungen

Friedrich Parpert: Das Mönchtum und die evangelische Kirche. In: Deutsche Literaturzeitung 50 (1930) S. 2356–2358. Jetzt in: GS III, 130–132

C. Cordes: Der Gemeinschaftsbegriff im deutschen Katholizismus und Protestantismus der Gegenwart. In: Theologische Literaturzeitung 57/10 (1932) Sp. 235–236. Jetzt in: GS III, 132–133

Robert Jelke: Vernunft und Offenbarung. In: Theologische Literaturzeitung 57/24 (1932) Sp. 563–565. Jetzt in: GS III, 134–137

Karl Heim: Glauben und Denken. In: Christentum und Wissenschaft 8/12 (1932) S. 444–454. Jetzt in: GS III, 138–159 – engl. 1965

II. Postum zusammengetragene Arbeiten Bonhoeffers

1. Gesamtausgabe

Gesammelte Schriften 6 Bde. Hg. von Eberhard Bethge. München 1958–1974 (Die Werke SC, AS, SF, N, GL, V, E. WE, WEN sind nicht darin enthalten)

Bd. 1: Ökumene, Briefe, Aufsätze, Dokumente 1928–1942. München 1958. 2. Aufl. 1964. 550 S.

Bd. 2: Kirchenkampf und Finkenwalde, Resolutionen, Aufsätze, Rundbriefe 1933–1945. München 1959. 2. Aufl. 1965. 667 S.

Bd. 3: Theologie – Gemeinde Vorlesungen, Briefe, Gespräche 1926–1944. München 1960. 2. Aufl. 1966. 571S.

Bd. 4: Auslegungen – Predigten 1931–1944. München 1962. 2. Aufl. 1965. 647 S.

Bd. 5: Seminare, Vorlesungen, Predigten 1924–1941. Erster Ergänzungsband. Hg. in Zusammenarbeit mit O. Dudzus. München 1972. 608 S.

Bd. 6: Tagebücher, Briefe, Dokumente 1923–1945. Zweiter Ergänzungsband. München 1974. 669 S.

Dietrich Bonhoeffer Werke. Hg. E. Bethge, E. Feil, C. Gremmels, W. Huber, H. Pfeifer, A. Schönherr, H. E. Tödt

1. Bd.: Sanctorum Communio. Hg. Joachim von Soosten. München 1986. 344 S.

2. Bd.: Akt und Sein. Hg. Hans Richard Renter. München 1987. 220 S.

3. Bd.: Schöpfung und Fall. Hg. Martin Rüter u. Ilse Tödt. München 1989. 195 S.

4. Bd.: Nachfolge. Hg. Martin Kuske u. Ilse Tödt. München 1989. 391 S.

5. Bd.: Gemeinsames Leben. Das Gebetbuch der Bibel. Hg. ALBRECHT SCHÖNHERR u. a. München 1987. 203 S. – ital. 1991
9. Bd.: Jugend und Studium 1918–1927. Hg. HANS PFEIFER u. a. München 1986. 712 S.
10. Bd.: Barcelona, Berlin, Amerika 1928–1931. Hg. REINHART STAATS u. a. München 1991. 769 S. (Dazu Nachtrag: R. Staats u. M. Wünsche: Dietrich Bonhoeffers Abschied von der Berliner ‹Wintertheologie› – Neue Funde aus seiner Spanien-Korrespondenz 1928. In: Zeitschrift für neuere Theologiegeschichte. Bd. 1. Berlin 1994, S. 179–200

2. Zusammenstellungen und Auswahlbände

Dietrich Bonhoeffer, *Ich habe dieses Volk geliebt.* Auszüge aus WE, E, GS 2 und 3. Mit einem Geleitwort von HANS ROTHFELS. München 1961. 63 S. – engl. 1966

Bonhoeffer-Brevier. Zusammengestellt von O. DUDZUS. München 1963. 6. Aufl. 1985 – holl. 1968; franz. 1972 (Teilübersetzung)

Bonhoeffer-Auswahl. Zusammengest. und eingel. von R. GRUNDOW. München 1964. 645 S. – franz. 1970

Dietrich Bonhoeffer, Ausgewählte Werke 9 Bde. Tokyo 1963–1969, ca. 3500 S. (schließen ein: SC, AS, N. WE, GL, E)

DUDZUS, OTTO (Hg.): Dietrich Bonhoeffer. Predigten, Auslegungen, Meditationen 1925–1945. Erster Band 1925–1935. München 1984, 504 S. – Zweiter Band 1935–1945. München 1985

Dietrich Bonhoeffer, Lesebuch. Hg. OTTO DUDZUS. München 1985. 180 S.

Dietrich Bonhoeffer, Sein Leben in Bildern und Texten. Hg. E. und R. BETHGE, C. GREMMELS. München 1986, 240 S.

Gesammelte Schriften 1–4 in 3 englischen Bänden ed. by E. ROBERTSON. London 1965–1973: No Rusty Sword. 1965. 384 S. (paperback). The Way to Freedom. 1966. 272 S. (paperback). True Patriosm. 1973. 256 S. – franz. Dietrich Bonhoeffer, Textes choises, Paris–Genf 1970

Siebenstern-Taschenbuch Nr. 149–152. Bonhoeffer-Auswahl. Zusammengest., eingel. und hg. von OTTO DUDZUS. München 1970, Bd. 1: Anfänge 1927–1933. 189 S.; Bd. 2: Gegenwart und Zukunft der Kirche 1933–1936. 189 S.; Bd. 3: Entscheidungen 1936–1939. 187 S.; Bd. 4: Konsequenzen 1939–1944. 189 S.

Dietrich Bonhoeffer, Wybór Pism. Aus dem Gesamtwerk ausgewählt, übers. und eingel. von ANNA MORAWSKA. Bibliotheka ‹Wiezi› 27. Warschau 1970. 277 S.

Christus für uns heute. Eine Bonhoeffer-Ausw. Hg. von WALTER SCHULTZ. Eingel. von ALBRECHT SCHÖNHERR. Ost-Berlin 1970. 431 S.

Treue zur Welt. Meditationen. Kaiser-Traktate 1. Ausgew. und eingel. von OTTO DUDZUS. München 1971. 71 S. – holl. 1971

Gli Scritti (1928–1944). (Aus Bonhoeffers Gesammelten Schriften.) Brescia 1979. 743 S.

3. Einzelne Werke

Das Wesen der Kirche (Vorlesung 1932). Aus Hörernachschriften zusammengest. und hg. von OTTO DUDZUS. Kaiser-Traktate 3. München 1971. 79 S. – Außerdem in: GS V, 227–275 – franz. 1972; holl. 1972; ital. 1972; span. 1974

Wer war und wer ist Jesus Christus? Christologie-Vorlesung 1933. Aus Hörernachschriften zusammengest. und hg. von E. BETHGE. Furche-Stundenbuch 4. Hamburg 1962. 128 S. (in: Lesezeichen. München 1981) – Außerdem in: GS III,

166–242 – engl. 1966, 3. neuübers. Aufl. 1978; holl. 1967; span. 1971; franz. 1981; ital. 1984

Versuchung. Bibelarbeit von 1938. Bearb. und hg. von E. Bethge. München 1953. 63 S. Jetzt in einem Band mit *Schöpfung und Fall*. München 1968. 164 S. – engl. 1955; jap. 1958; dän. 1959; franz. 1961; port. 1968 (3. Aufl. 1991); ital. 1968; span. 1971

Ethik. Zusammengest. und system. geordnet von E. Bethge. München 1949 (neu nach chronol. Entstehung geordnet seit 6. Aufl.). 406 S. (11. Aufl. 1985) – engl. 1955; dän. 1959; franz. 3. Aufl. 1989; span. 1968; ital. 3. Aufl. 1983; port. 1988 (2. Aufl. 1991)

Widerstand und Ergebung. Briefe und Aufzeichnungen aus der Haft. Hg. von E. Bethge. München 1952. 304 S. (Außerdem Siebenstern-Taschenbuch. 304 S., Buchgemeinde-, Ex Libris- und DDR-Ausgaben) – engl. 1953; dän. 1956; holl. 1956 (5. Aufl. 1989); norw. 1959; schwed. 1960; finn. 1963 (2. Aufl. 1991); franz. 1963; jap. 1964; span. 1968; port. 1968; ital. 1969; chines. 1969; jugoslaw. 1974; russ. in Auswahl, ganz 1993, bes. von R. Marlé, Paris, in: Simvol, Dez. 1980, S. 117–129; Siebenstern GTB 13. Aufl. 1985
Erweiterte Neuausgabe München 1970. 3. Aufl. 1985. 466 S. – engl. 5. Aufl. 1981; holl. 4. Aufl. 1981; schweiz. 1972; franz. 1973; span. 1983; ital. 2. Aufl. 1989

Auf dem Wege zur Freiheit. Gedichte. Zusammen mit Briefen von Klaus Bonhoeffer. Hg. von E. Bethge. Berlin 1946 (Die Gedichte befinden sich jetzt fast alle in WEN) – Von guten Mächten. Interpr. von J. C. Hampe. München 1976. 82 S.

Fragmente aus Tegel. Drama und Roman. Hg. von Renate und Eberhard Bethge. München 1978 – engl. (USA) Fiction from Prison 1981; ital. Frammenti da Tegel 1981

The other letters from prison. Zitate aus den unveröffentlichten Briefen an die Braut in einem Aufsatz gleichen Namens (nur in englischer Sprache) von Maria von Wedemeyer-Weller. In: Union Seminary Quarterly Review Vol. XXIII, 1 S. 23–29 – Außerdem in: Bonhoeffer in a world come of age. Fortress 1968

Brautbriefe Zelle 92. Dietrich Bonhoeffer – Maria von Wedemeyer 1943–1945. Hg. Ruth-Alice von Bismarck und Ulrich Kabitz. Mit Nachwort von E. Bethge. München 1992. 290 S.

Redimidos para lo humano. Cartas y diarios (1924–1942). Ed. José J. Alemany. Salamanca 1979. 185 S.

Bethge, Eberhard, und Renate Bethge (Hg.): Letzte Briefe im Widerstand. Aus dem Kreis der Familie Bonhoeffer. München 1984. 133 S. – amerik. 1986

Dietrich Bonhoeffers Hegel-Seminar 1933. Hg. u. bearb. von Ilse Tödt. München 1988. 145 S.

III. Sekundärliteratur

1. *Biographisches*

Begegnungen mit Dietrich Bonhoeffer. Hg. W. D. Zimmermann. (Beiträge von: S. Leibholz, E. Bonhoeffer, Hildebrandt, H. Goes, Harder, Lehmann, Figur, Rother, Zimmermann, Lehel, Jacobi, H. Bell. Withburn, Dudzus, Leiper, Rieger, Koch, Kanitz, Goebel, Schönherr, Rott, Gollwitzer, Niesel, Schrader, Maltusch, Jensen, Traub, M. Leibholz, Niebuhr, Freudenberg, Salomon, Courvoisier v. Rad, Hammelsbeck, Visser't Hooft, Dress, Poelchau, Schlabrendorff, A. Goerdeler, Fischer-Hüllstrung, E. Wolf.) München 1964. 4. erw. Aufl. 1969. 232 S. – holl. 1969; ital. 1970

Bernhoeft, Ernesto J.: No Camino para a Liberade. Vida e obra de Dietrich Bonhoeffer. Rio de Janeiro 1966. 120 S.
Bethge, Eberhard: Dietrich Bonhoeffer. Theologe – Christ – Zeitgenosse. Eine Biographie. München 1967 (7. neu durchgesehene Taschenbuchausgabe 1989). 1104 S. – holl. 1968; franz. 1969; engl. 1970; span. 1970; jap. 1973; ital. 1975 (2. Aufl. 1991); DDR 1987
Betghe, Eberhard, und Ronald C. D. Jasper (Hg.): An der Schwelle zum gespaltenen Europa. Der Briefwechsel zwischen George Bell und Gerhard Leibholz 1939 bis 1951. Stuttgart 1974. 319 S.
Bethge, Eberhard (Hg. zus. m. Renate Bethge u. Christian Gremmels): Dietrich Bonhoeffer – Bilder aus seinem Leben. München 1986. 239 S. – engl. 1986; amerik. 1987
Bethge, Eberhard: In Zitz gab es keine Juden. Erinnerungen aus meinen ersten vierzig Lebensjahren. München 1989. 255 S.
Bonhoeffer, Karl: Lebenserinnerungen. Für die Familie geschrieben. In: Karl Bonhoeffer zum 100. Geburtstag. Hg. J. Zutt, E. Strauss und H. Scheller. Berlin 1969. S. 8–114 (mit Aufsatz: Führerpersönlichkeit wird Massenwahn)
Bosanquet, Mary: The Life and Death of Dietrich Bonhoeffer. London 1968. 287 S. – Siebenstern GTB 13. Aufl. 1985
Leibholz-Bonhoeffer, Sabine: Vergangen, erlebt, überwunden. Wuppertal 1968 (5. Aufl. 1971). 230 S.
Mancini, Italo: Bonhoeffer. Florenz 1969. 464 S.
Morawska, Anna: Chrześcijanin W Trzeciej Rzeszy (Ein Christ im Dritten Reich). Warschau 1970. 244 S.
Morioka, Iwao: Der Weg der Nachfolge und des Gehorsams (jap.). Tokio 1964. 5. Aufl. 1979. 351 S.
Park, Pong Nang: Nichtreligiöse Interpretation des Christentums (koreanisch). (Biographie, Interpretationsgeschichte und Theologie.) Seoul 1976. 3. Aufl. 1980. 585 S.
Robertson, Edwin H.: Dietrich Bonhoeffer. London 1966. 54 S.
Robertson, Edwin H.: The Shame and the Sacrifice. The life and teaching of Dietrich Bonhoeffer. London 1987. 288 S. – Dt. u. d. Titel: Dietrich Bonhoeffer. Leben und Verkündung. Mit einer Einführung von Renate Bethge. Göttingen 1989. 335 S.
Schönherr, Albrecht: ... aber die Zeit war nicht verloren. Erinnerungen eines Altbischofs. Berlin 1993. 432 S.
Wind, Renate: Dem Rad in die Speichen fallen. Die Lebensgeschichte des Dietrich Bonhoeffer. Weinheim/Basel 1990. 163 S. – engl. 1991

2. *Interpretation und Forschung*

a) Werke

Abromeit, Hans-Jürgen: Das Geheimnis Christi. Dietrich Bonhoeffers erfahrungsbezogene Christologie. Neukirchen 1991. 386 S.
Alemany, José J.: Realidad y Fe Cristiana. Una aproximacion desde la Teologia de D. Bonhoeffer. Santiago 1979. 146 S.
Altenähr, Albert: Dietrich Bonhoeffer – Lehrer des Gebets. Grundlagen für eine Theologie des Gebets bei Dietrich Bonhoeffer. Würzburg 1976. 284 S.

Benktson, Benkt-Erik: Christus und die Religionen. Der Religionsbegriff bei Barth, Bonhoeffer und Tillich. Stuttgart 1967. 216 S.

Berk, M. F. M. van der: Boeiend en geboeid. Meppel 1974. 322 S.

Bethge, Eberhard: Ohnmacht und Mündigkeit. Beiträge zur Zeitgeschichte und Theologie nach Dietrich Bonhoeffer. München 1969. 192 S.

Bethge, Eberhard: Am gegebenen Ort. Aufsätze und Reden 1970–1979. München 1979. 308 S.

Bethge, Eberhard: Bekennen und Widerstehen. Aufsätze, Reden, Gespräche. München 1984. 247 S.

Wie eine Flaschenpost. Ökumenische Briefe und Beiträge für Eberhard Bethge. Hg. H. E. Tödt. München 1979. 389 S.

Bethge, Eberhard: Bonhoeffer, Exile and Martyr. Lectures in South Africa. Ed. and introduced by John de Gruchy. London 1975

Chowaniec, Elisabeth: Der Fall Dohnanyi 1943–1945. Widerstand, Militärjustiz, SS-Willkür. München 1991

Clements, Keith W.: A Patrotism for today. Dialogue with Dietrich Bonhoeffer. Bristol 1984

Clements, Keith W.: What Freedom? The Persistent Challenge of Dietrich Bonhoeffer. Bristol 1990 – Dt. u. d. Titel: Freisein wozu? Dietrich Bonhoeffer als ständige Herausforderung. Vorw. von Eberhard Bethge und Christian Gremmels. Bonn 1991. 240 S.

Dumas, André: Une Théologie de la Réalité, Dietrich Bonhoeffer. Genf 1968. 340 S. – engl. 1971; span. 1971

Feil, Ernst: Die Theologie Dietrich Bonhoeffers. Hermeneutik – Christologie – Weltverständnis. Mit ausführlicher Bibliographie. München 1971 (4. Aufl. 1991). 432 S. – engl. Philadelphia 1985. 246 S.

Floyd, Wayne W., und Clifford Green (Hg.): Bonhoeffer-Bibliography. Primary Sources and Secondary Literature in English. Evanston 1992. 148 S.

Geiger, Max: Bonhoeffer. Zeugnis in Kirche und Welt. Basel 1964. 44 S.

Glazener, Mary: The Cup of Wrath. The Story of Dietrich Bonhoeffer's Resistance to Hitler. Savannah 1992. 447 S.

Godsey, John D.: The Theology of Dietrich Bonhoeffer. Philadelphia 1960. 299 S.

Gould, William Blair: The Wordly Christian Bonhoeffer on Discipleship. Philadelphia 1967. 94 S.

Green, Clifford James: Bonhoeffer. The Sociality of Christ and Humanity. Scholars Press. Missoula 1972

Gregor-Smith, Ronnie: The New Man, Christianity and Man's Coming of Age. London 1956. 120 S.

Gremmels, Christian, und Hans Pfeifer: Theologie und Biographie. Zum Beispiel Dietrich Bonhoeffer. München 1983. 132 S.

Gruchy, John W. de: Bonhoeffer and South Africa. Theology in Dialogue. Grand Rapids 1984. 152 S.

Gruchy, John W. de: Dietrich Bonhoeffer, Witness to Jesus Christ. 4. Band von: The Making of Modern Theology. Collins 1988. 308 S. – Neuaufl. Fortress 1991

Hamilton, Kenneth: Life in one's Stride, a short study in D. Bonhoeffer. Grand Rapids 1968. 91 S.

Hampe, Joh. Christoph: Von guten Mächten. Gebete und Gedichte. München 1976. 8. durchges. Aufl. 1991. 88 S. – holl. 4. Aufl. 1991

Henkys, Jürgen: Dietrich Bonhoeffers Gefängnisgedichte. Beiträge zu ihrer Interpretation. Berlin–München 1986. 126 S.

Hopper, David H.: A Dissent on Bonhoeffer. Philadelphia 1975

Hourdin, Georges: Bonhoeffer. Une Église pour demain. Paris 1971. 184 S.

Huntemann, Georg: Der andere Bonhoeffer. Die Herausforderung des Modernismus. Wuppertal 1989. 318 S.

Jenkins, Daniel: Beyond Religion. The Truth and Error in «Religionsless Christianity». London 1962

Kaltenborn, Carl-Jürgen: Adolf von Harnack als Lehrer Dietrich Bonhoeffers. Ost-Berlin 1973. 184 S.

Kelly, Geffrey, und B. Kelly: Liberating Faith Bonhoeffer's Message for Today. Minneapolis 1984. 206 S.

Kodalle, Klaus M.: Dietrich Bonhoeffer. Zur Kritik seiner Theologie. Gütersloh 1991. 206 S.

Kraus, Hans-Joachim: Theologische Religionskritik. Neukirchen 1982. 278 S.

Kuhns, William: In Pursuit of Dietrich Bonhoeffer. New York 1967. 314 S.

Kuske, Martin: Das Alte Testament als Buch von Christus. Dietrich Bonhoeffer. Wertung und Auslegung des Alten Testaments. Göttingen 1971. 140 S.

Kuske, Martin: Weltliches Christsein. Dietrich Bonhoeffers Vision nimmt Gestalt an. München 1984. 152 S.

Lange, Frederik de: Gron onder de Voeten bij Burgerlijkheid bij Dietrich Bonhoeffer, een theologische Studie. Kampen 1985. 474 S.

Lange, Frits de: Een burger op z'n best Dietrich Bonhoeffer. Baarn 1986. 111 S.

Machovec, Milan: Marxismus und dialektische Theologie, Barth-Bonhoeffer und Hromádka in atheistisch-kommunistischer Sicht. Zürich 1965 (bes. Kap. S. 124 bis 153)

Marlé, René: Dietrich Bonhoeffers Témoin de Jésus Christ parmi ses frères. Paris 1967. 163 S. – Deutsch: Dietrich Bonhoeffer, Zeuge Jesu Christi unter seinen Brüdern. Düsseldorf 1969

Marsh, Charles: Reclaiming Dietrich Bonhoeffer. The Promise of His Theology. New York 1994. 195 S.

Mayer, Reiner: Christuswirklichkeit, Grundlagen, Entwicklung und Konsequenzen der Theologie Dietrich Bonhoeffers. Stuttgart 1969. 347 S.

Mengus, Raymond: Théorie et Pratique chez Dietrich Bonhoeffer. Paris 1978. 526 S.

Mengus, Raymond: Wirkungen. Gespräche über Dietrich Bonhoeffer mit E. Bethge, G. Ebeling, H. Gollwitzer und W. A. Visser't Hooft. München 1978. 82 S.

Meyer, Dietrich, und Eberhard Bethge: Nachlaß Dietrich Bonhoeffer. Ein Verzeichnis. Archiv – Sammlung – Bibliothek. München 1987. 275 S.

Meyer, Winfried: Unternehmen Sieben. Eine Rettungsaktion durch den militärischen Nachrichtendienst im Oberkommando der Wehrmacht. Geleitwort von Klaus von Dohnanyi. Bodenheim 1993. 600 S.

Mödlhammer: Anbetung und Freiheit. Theologisch-anthropologische Reflexionen zur Theologie Dietrich Bonhoeffers. Salzburg 1976. 112 S.

Mottu, Henry: Dietrich Bonhoeffer. La Parole de la Prédication Cours d'homilétique à Finkenwalde. Genève 1992. 82 S.

Müller, Christine Ruth: Bekenntnis und Bekennen. Dietrich Bonhoeffer in Bethel (1933). Studienbücher zur kirchlichen Zeitgeschichte 1989. 210 S.

Müller, Gerhard Ludwig: Bonhoeffers Theologie der Sakramente. Frankfurt a. M. 1979. 480 S.

Müller, Gerhard Ludwig: Für andere da. Christus-Kirche-Gott in Bonhoeffers Sicht der mündig gewordenen Welt. Paderborn 1980. 259 S.

Müller, Hanfried: Von der Kirche zur Welt. Leipzig 1960 (2. Aufl. 1966). 570 S.

Oettingen, Alexander von: Kirchliche Gemeinwesenarbeit – Konflikt und gesellschaftliche Strukturbildung. Eine empirische Untersuchung im Kontext der Ekklesiologie Dietrich Bonhoeffers. Frankfurt a. M. 1979. 289 S.

Ott, Heinrich: Wirklichkeit und Glaube. Bd. I. Zum theologischen Erbe Dietrich Bonhoeffers. Zürich 1966. 394 S.

Pangritz, Andreas: Dietrich Bonhoeffers Forderung einer Arkandisziplin – eine unerledigte Anfrage an Kirche und Theologie. Köln 1988. 523 S.

Pangritz, Andreas: Karl Barth in der Theologie Dietrich Bonhoeffers – eine notwendige Klarstellung. Berlin 1989. 150 S.

Peck, William J. (Ed.): New Studies in Bonhoeffer's Ethics. Lewiston 1987. 284 S.

Pejsa, Jane: Matriarch of Conspiracy, Ruth von Kleist 1867–1945. Minneapolis 1991. 408 S.

Peters, Tiemo Rainer: Die Präsenz des Politischen in der Theologie Dietrich Bonhoeffers. München 1976. 244 S.

Phillips, I. A.: The Form of Christ in the World. A study of Bonhoeffer's Christology. Amerikanischer Titel: Christ for us in the Theology of D. Bonhoeffer. London 1967

Rasmussen, Larry L.: Dietrich Bonhoeffer. Reality and Resistence. Nashville 1972. 222 S.

Rasmusen, Larry L., und Renate Bethge: Dietrich Bonhoeffer – His Significance for North Americans. Minneapolis 1990. 198 S.

Reist, Benjamin A.: The Promise of Bonhoeffer. Philadelphia 1969. 128 S.

Robertson, Edwin: Bonhoeffer's Heritage. London 1989. 232 S.

Robinson, John A.T.: Honest to God. London 1963. 143. S. – Deutsch: Gott ist anders. München 1963 (15. Aufl. 1970). Folgebände: The Honest to God Debate. London 1963 – Diskussion zu Bischof Robinsons Gott ist anders. München 1964 (2. Aufl. 1965). 224 S.

Rothuizen, G. Th.: Aristocratisch christendom over Dietrich Bonhoeffer. Kampen 1969. 392 S.

Rothuizen, G. Th.: Een Spaak in Het Wiel. Dietrich Bonhoeffer over de vrede. Ten Haave-Baarn 1985. 191 S.

Schijndel, H. J. J. van: Religie, Geloof, Disciplina Arcani. Kampen 1979. 333 S.

Sperna-Weiland, J.: Het Einde van de Religie. Verder op het spoor van Baarn 1970. 203 S.

Strohm, Christoph: Theologische Ethik im Kampf gegen den Nationalsozialismus. Der Weg Dietrich Bonhoeffers mit den Juristen Hans von Dohnanyi und Gerhard Leibholz in den Widerstand. München 1989. 395 S.

Thestrup-Pedersen, E.: Existentialisme og Kristendom (besonders S. 67–175, D. Bonhoeffers liv og tanker). Kopenhagen 1956

Twecotte, Paul André: Réconciliation et Libération, Théologie de la communité chez Dietrich Bonhoeffer. Montreal 1972

Wendel, Ernst Georg: Studien zur Homiletik Dietrich Bonhoeffers. Tübingen 1985. 256 S.

WOELFEL, JAMES W.: Bonhoeffer's Theology, classical and revolutionary. Nashville 1970
ZIMMERMANN-WOLF, CHRISTOPH: Einander beistehen. Dietrich Bonhoeffers lebensbezogene Theologie für gegenwärtige Klinikseelsorge. Würzburg 1991. 370 S.

b) Aufsatzsammlungen

BETHGE, EBERHARD: Erstes Gebot und Zeitgeschichte. Reden und Artikel. München 1991
BETHGE, RENATE: Bonhoeffers Familie und ihre Bedeutung für seine Theologie. Nr. 30 der Beiträge zum Widerstand 1933–1945. GDW Berlin 1987. 47 S.
Bonhoeffer-Studien, Beiträge z. Theol. u. Wirkungsgeschichte D. Bonhoeffers. Hg. A. SCHÖNHERR und W. KRÖTKE. Berlin 1985. 212 S. (Beiträge v. M. Hohmann. W. Krötke, H. Müller, N. Müller, M. Uhle-Wettler, J. Wiebering, D. Kraft, C. Löhr, J. Ligus I. Janossy, R. Wagner, C. J. Kaltenborn, A. Schönherr, P. Filipi, K. Zehrer, M. Kuske, J. Henkys, Bibliogr. i. d. DDR v. R. Bodenstein.)
Die Mündige Welt Bd. 1–5. München 1956–1968
Bd. 1: Dem Andenken Dietrich Bonhoeffers. Vorträge und Briefe. Hg. E. BETHGE. (Beiträge. Bethge, v. Hase, Hammelsbeck, Grunow, Schönherr, Maechler, H. Schlingenssiepen, chronolog. Primär-Bibliographie.) München 1956 (3. Aufl. 1959). 144 S.
Bd. 2: Weißensee – Verschiedenes. Hg. E. BETHGE. (Beiträge: Schönherr, Ebeling, Harbsmeier, Bethge, Smith, Glenthoj.) München 1956. 216 S.
Bd. 3: Weißensee 1959. Hg. E. BETHGE. (Beiträge: Meuß, Prenter, Moltmann.) München 1960. 116 S.
Bd. 4: Weißensee 1961 – Verschiedenes. Hg. R. GRUNOW. (Beiträge: E. Wolf, Prenter, H. Müller, H. Schmidt, Bethge, Bassarack, A. Schmidt, Phillips, Auden.) München 1963. 180 S.
Bd. 5: Dokumente zur Bonhoeffer-Forschung 1928–1945. Gesammelt, kommentiert und hg. von JÖRGEN GLENTHOJ. München 1968. 368 S.
The Place of Bonhoeffer. Problems and Possibilities in His Thought. Hg. MARTIN MARTY. Aufsätze zu Einzelproblemen von den Amerikanern E. Marty, F. H. Littell, P. Berger, F. Sherman, W. Harrelson, J. Pelikan, R. H. Fuller, G. W. Forell. New York 1963. 224 S. – Dt.: Dietrich Bonhoeffer. Leben und Verkündigung. Göttingen 1989
Bonhoeffer. Sondernummer von «Testimonium» Vol XI/2. Buenos Aires 966. Beiträge von: O. M. Bonino, A. H. van den Henvel, D. Arcante, G. Casalis
World Come of Age. A Symposium on Dietrich Bonhoeffer. Hg. und eingeleitet von R. GREGOR-SMITH. Aufsätze aus *Die Mündige Welt* 1–4 von Prenter, H. Müller, H. Schmidt. Außerdem: E. Bethge, The Challenge of Dietrich Bonhoeffer's Life and Theology. Alden Tuthill Lecturs. Chicago 1961. W. Hamilton, The Letters are a particular Thorn. R. Bultmann, The Idea of God and Modern Man. London 1967 (paperb. 1968). 288 S.
Bonhoeffer in a World come of Age. Hg. PETER VORKING. Eingeleitet von J. BENNET. Buchausgabe des Union Seminary Quarterly Review Special XXIII, 1. 1967. Mit den Vorträgen des New Yorker Bonhoeffer-Colloquium, 5. April 1967. Paul Lehmann, Faith and Worldliness in Bonhoeffer's Thought. Paul v. Buren, Bonhoeffer's Paradox: Living with God without God. E. Bethge, Bonhoeffer's Christology and his Religionsless Christianity. Dazu andere Beiträge und Buchbesprechungen.

Außerdem: Maria von Wedemeyer-Weller, The other Letters from Prison. Philadelphia 1968. 141 S. – Dt.: Glaube und Wirklichkeit bei Dietrich Bonhoeffer. Hg. P. NEUMANN (ohne den Beitrag Wedemeyer-Weller, mit Bibliographie). Stuttgart 1969; ital.: Dossier-Bonhoeffer. Hg. und eingeleitet von R. GIBELLINI. (Auswahl aus vorstehendem, Zufügung von Ebelings Aufsatz.) Brescia 1971

Politik und Nachfolge. Vorträge vom Internationalen Bonhoeffer-Kongreß Okt. 1971: E. Feil, Das Weltverständnis Dietrich Bonhoeffers. W. J. Peck, Theologie und Politik in Bonhoeffers Beziehung zum Judentum. J. Schwarz, Leiden und Lernen. Ein systematischer Versuch zu Bonhoeffers Leidenstheologie. Paul Lehmann, Theologie der Nachfolge. E. Bethge, Politik ohne Kirche – Kirche ohne Politik?

Kirche für andere. Vorträge und Ansprachen im Bonhoeffer-Gedenkjahr 1970 in der DDR. Hg. W. PABST. A. Schönherr, Bonhoeffers Satz *Unser Christsein wird heute nur in zweierlei bestehen: Im Beten und Tun des Gerechten unter den Menschen*. Versuch einer Auslegung. J. Wiebering, Die Frage nach dem Christentum in der modernen Welt. Bonhoeffers theologische Entwicklung nach 1939. E. Bethge, Mündigkeit. W. Dantine, Bonhoeffer und die Säkularisation. M. Kuske, Kirche für andere in der mündigen Welt. Ost-Berlin 1973 (2. Aufl. 1974). 102 S.

Reihe Internationales Bonhoeffer Forum. Forschung und Praxis:

Nr. 1 Genf '76. Ein Bonhoeffer Symposium. Hg. HANS PFEIFER. München 1976 (Beiträge von C. F. von Weizsäcker, H. Mottu, H. E. Tödt, G. Rein, J. Smolik, Julio de Santa Ana, J. de Gruchy). 189 S.

Nr. 2 Verspieltes Erbe? Dietrich Bonhoeffer und der deutsche Nachkriegsprotestantismus. Hg. ERNST FEIL. München 1979 (Beiträge von R. v. Thadden, D. Schellong, Y. Spiegel, T. R. Peters, Pinchas E. Lapide, E. Lange). 135 S.

Nr. 3 Konsequenzen. Dietrich Bonhoeffers Kirchenverständnis heute. Hg. E. FEIL UND I. TÖDT. München 1980 (Beiträge von G. Latmiral, E. Feil, U. Duchrow, G. Casalis, W. Huber, H. J. Held, E. Bethge, I. Tödt, F. Schlingensiepen). 243 S.

Nr. 4 Ethik im Ernstfall. Dietrich Bonhoeffers Stellung zu den Juden und ihre Aktualität. Hg. WOLFGANG HUBER und ILSE TÖDT. München 1982 (Beiträge von E. Bethge, C. Gremmels, B. Klappert, W. J. Peck, E. A. Scharffenorth, W. Schrage, H. E. Tödt)

Nr. 5 Frieden – das unumgängliche Wagnis. Die Gegenwartsbedeutung der Friedensethik Dietrich Bonhoeffers. Hg. HANS PFEIFER. München 1982 (Beiträge von E. Bethge, H. Falcke, C. Frey, W. Huber, H. E. Tödt)

Nr. 6 Bonhoeffer und Luther. Zur Sozialgestalt des Luthertums in der Moderne. Hg. CHRISTIAN GREMMELS. München 1983 (Beiträge von J. Burtness, U. Duchrow, C. Green, C. Gremmels, R. Mokrosch, L. Rasmussen)

Nr. 7 Die Präsenz des verdrängten Gottes. Glaube, Religionslosigkeit und Weltverantwortung nach Dietrich Bonhoeffer. Hg. CHRISTIAN GREMMELS und ILSE TÖDT. München 1987. 268 S.

Nr. 9 Glauben lernen in einer Kirche für andere. Der Beitrag Dietrich Bonhoeffers zum Christsein in der Deutschen Demokratischen Republik. Hg. ERNST FEIL. Gütersloh 1993 (Beiträge von H. Dohle, E. Feil, F. G. Friemel, K. Gysi, J. Henkys, M. Onnasch, A. Schönherr, C. Strohm). 179 S.

Werken met Bonhoeffer. Hg. Bonhoeffer-Werkgezelschap Nederland. Ten Have/Baarn 1979 (Beiträge von J. Sperna Weiland, G. van Roon, G. Th. Rothuizen, E. Bethge, H. Wiersinga, L. Schuurman, A. G. Baas – mit vollständiger Bibliographie holländischer Primär- und Sekundärliteratur zu Bonhoeffer). 184 S.

A Bonhoeffer Legacy. Essays in Understanding. Ed. A. J. KLASSEN. Grand Rapids 1981 (Beiträge von E. Bethge, H. Pfeifer, C. J. Kaltenborn, C. Grene, D. C. Nowman, G. B. Kelly, R. Zerner, J. D. Godsey, J. Glenthoj, R. Mayer, J. Wilcken, H. Mottu, T. I. Day. E. Feil, A. Dumas, L. Rasmussen, J. W. Woelfel, J. T. Laney, T. R. Peters, D. S. Bachtel, W. J. Peck, H. Jehle, M. Bergmann). 382 S.

Die Welt Bonhoeffers. Ihr Wesen und ihre Entwicklung. Aufsätze von E. Bethge. Zus.gefaßt u. übersetzt vom Japanischen Bonhoeffer-Komitee. Hg. H. MURAKAMI, (jap. Tokio 1981). 378 S.

Dietrich Bonhoeffer – Kämpfer gegen Krieg und Faschismus. Beiträge zur Geschichte der Humboldt-Universität zu Berlin. Nr. 5 Hg. der Rektor. Berlin 1981 (Beiträge von G. Winter, H. Müller, C. J. Kaltenborn). 60 S.

Ethical Responsility: Bonhoeffer's Legacy to the Churches. Ed. J. D. GODSEY and G. B. KELLY: New York 1981 (Beiträge zur Internationalen Bonhoeffer-Konferenz in Oxford 1980 von C. Green, H. E. Tödt, E. Bethge, R. W. Lovin, F. B. Nelson, G. C. Chapman, D. W. Shriver, J. de Gruchy. J. D.Godsey, R. Poole, R. Bethge, G. B. Kelly). 340 S.

Szöveggyüjtemeny Dietrich Bonhoeffer müveibol, Filozopia Oktatok Tovabbkepzo es informacios központja Debreceni Munkabizottsaganak Füzetei 2 (d. i. Institut für Weiterbildung der marxistischen Philosophen in Ungarn). Hg. I. JANOSSY. Kezirat 1984, 90 S.

Die Aktualität der Theologie Dietrich Bonhoeffers. Hg. NORBERT MÜLLER. Halle (Saale) 1985. 96 S. (Beiträge von N. Müller. Michael Beintker, M. Schollmeyer, C. Köckert)

PECK, WILLIAM J. (Hg.): New Studies in Bonhoeffer's Ethics. Toronto 1987. 273 S.

SCHÖNHERR, ALBRECHT: Abenteuer der Nacholge. Reden und Aufsätze 1978–1988. Berlin 1988. 353 S.

TÖDT, HEINZ-EDUARD: Theologische Perspektiven nach Dietrich Bonhoeffer (15 Aufsätze zwischen 1976 u. 1990). Hg. E.-A. Scharffenorth. Gütersloh 1993. 286 S.

c) Wichtige Aufsätze

BERGER, PETER L.: Camus, Bonhoeffer and the World Come of Age. In: The Christian Century LXXVI/1959, S. 147f und 450–452

COX, HARVEY: Beyond Bonhoeffer. The Future of Religionless Christianity. In: Commonweal LXXXXII 1965, S. 635–657

DUMAS, ANDRÉ: Dietrich Bonhoeffer. In: Bilanz der Theologie im 20. Jahrhundert. Bahnbrechende Theologen. Hg. H. VORGRIMMLER: Freiburg 1970. S. 214–236

EBELING, GERHARD: Die nichtreligiöse Interpretation biblischer Begriffe. In: ZThK 52/3. 1955, S. 296–360. Außerdem in: Mü. W. 2, 1956, S. 12–73 – engl. 1963, ital. 1971

FEIL, ERNST: Zur Problematik der gegenwärtigen Renaissance des Religionsbegriffs. In: Stimmen der Zeit. Okt. 1974/10 Bd. 192, S. 672–688

FREY, CLEMENS: Die Regula Benedicti und Dietrich Bonhoeffers ‹Gemeinsames Leben›. Ein Vergleich ihrer Ethik. In: Regulae Benedicti Studia, Annuarium Internationale 10/11 (1981/82), Hildesheim. S. 117–189

HAMILTON, WILLIAM: Secular Theology for a World Come of Age. In: Theology Today XVIII, 1962, S. 435–459

HINKELAMMERT, FRANZ: Religionskritik im Namen des Christentums. Dietrich Bonhoeffer in befreiungstheologischer Sicht. In: Der Glaube Abrahams und der Ödipus des Westens. (Aus dem Spanischen) Münster 1989, S. 121–141

JOHNSON, ROGER A.: Dietrich Bonhoeffer. Religionless Christianity: Maturity, Transcendence and Freedom. In: Critical Issues in Modern Religion. Hg. R. A. JOHNSON, CLIFFORD GREEN u. a. New Jersey 1973. S. 284–321

KRAUSE, GERHARD: Dietrich Bonhoeffer und Rudolf Bultmann. In: Zeit und Geschichte, Festschrift für R. Bultmann 1964. S. 439–460

KRÖTKE, WOLF: Teilnehmen am Leiden Gottes. Zu Dietrich Bonhoeffers Verständnis eines «religiösen Christentums». In: 450 Jahre evangelische Theologie in Berlin (Hg. G. BESIER). Göttingen 1990. S. 439–457

KRÖTKE, WOLF: Dietrich Bonhoeffer als ‹Theologe der DDR›. Ein kritischer Rückblick. In: Zeitschrift für Evangelische Ethik 37. Jg., H. 2, 1993, S. 94–105

LANGE, ERNST: *Kirche für andere:* Dietrich Bonhoeffers Beitrag zur Frage der verantwortbaren Gestalt der Kirche in der Gegenwart. In: Evangelische Theologie 27/10 1967, S. 513–546

LEHMANN, PAUL: The Concretion of Theology: Reflections on the Conversation between Barth and Bonhoeffer. In: Footnotes to a Theology. The Karl Barth Colloquium of 1972. Ed. and introducted by M. RUMSCHEIDT. Toronto 1974. S. 53–76

MANRESA Y JOSÉ, F., und I. GONZÁLES-FAUS: Teologia, Iglesia, Contemporaneidad. En torno a Dietrich Bonhoeffer. In: Facultades de Filosofia y Teologia, Barcelona VIII/15, 1971, S. 3–80

MOLTMANN, JÜRGEN: Herrschaft Christi und soziale Wirklichkeit nach Dietrich Bonhoeffer. In: Theol. Existenz 71. München 1959

MOTTU, HENRY: Feuerbach and Bonhoeffer. Criticism of Religion in the last period of Bonhoeffer's Thought. In: Union Seminary Quarterly XXV/1, 1969, S. 1–18

NELSON, F. BURTON: The Relationship of Jean Lasserre to Dietrich Bonhoeffer's Peace Concerns in the Struggle of Church and Culture. In: Union Seminary Quarterly Review, Vol. 40 Numbers 1 & 2 1985, S. 71–84

RICŒUR, PAUL: L'Interpretation non religieuse du Christianisme chez Bonhoeffer. In: Cahiers du Centre protestant de l'Ouest, 1966, S. 3–20

SAUTER, GERHARD: Zur Herkunft und Absicht der Formel «Nichtreligiöse Interpretation biblischer Begriffe» bei Dietrich Bonhoeffer. In: Evangelische Theologie 25/1965, S. 283–297

SCHLINGENSIEPEN, FERDINAND: Im Augenblick der Wahrheit. Glaube und Tat im Leben Dietrich Bonhoeffers. München 1985. 48 S.

SCHOENBORN, PAUL GERHARD: Bonhoeffer in Lateinamerika. Beziehungen zwischen Dietrich Bonhoeffer und Christen und Theologie in Lateinamerika. Ein Werkstattbericht. In: Festschrift für Günther van Norden. Kirche im Spannungsfeld von Staat und Gesellschaft. Hg. V. Wittmütz. Köln 1993, S. 395–446

STAATS, REINHARDT: Adolf Harnack im Leben Dietrich Bonhoeffers. In: Theologische Zeitschrift, Basel, Jg. 37/1981, S. 94–122

THIELICKE, HELMUT: Das Ende der Religion. Überlegungen zur Theologie Dietrich Bonhoeffers. In: Theologische Literaturzeitung 81/1956, S. 307–326

URINOVIČ, D. M.: «Bezreligioznoe christianstvo» D. Bonhoeffera i ego prodolžatelej (Das religionslose Christentum Dietrich Bonhoeffers und seiner Fortsetzer). In: Voprosy filzofii Nr. 2/1968, S. 94–102 (Zeitschrift der Akademie der Wissenschaften der UdSSR, Moskau)

URINOVIČ, D. M.: Religion ohne Gott: Mythos oder Realität? In: Nauka I Religija Nr. 8/1973, S. 72–77

NAMENREGISTER

Die kursiv gesetzten Zahlen bezeichnen die Abbildungen

ÜBER DEN AUTOR

EBERHARD BETHGE, geboren 1909, evangelischer Pfarrer, Biograph Bonhoeffers und Herausgeber seiner nachgelassenen Werke. Bethge lernte Bonhoeffer kennen, als er 1935 in das von ihm errichtete Predigerseminar der Bekennenden Kirche in Finkenwalde eintrat und wurde sein Mitarbeiter, bis 1940 die Gestapo die Arbeit unterband. Inzwischen wuchs eine enge Freundschaft bis zu Bonhoeffers Ermordung 1945. Außerdem kam es zu Familienbanden durch die Heirat mit seiner Nichte Renate Schleicher, die an den Bonhoeffer-Arbeiten stark beteiligt ist, so auch an dieser Monographie; das erste Kapitel stammt z. B. aus ihrer Feder.

Befreit aus Gestapohaft durch die einrückenden Sowjets arbeitete Bethge 1945 als Assistent bei Bischof Dibelius und seit 1946 als Studentenpfarrer in Berlin. 1953 bis 1961 betreute er deutsche Auslandsgemeinden in London und verbrachte Perioden als Lecturer u. a. in Harvard, New York und Chicago. Von 1961 bis 1976 leitete er das Pastoralkolleg der Evangelischen Rheinischen Landeskirche in Rengsdorf und war von 1967 bis 1976 Mitglied der Rheinischen Kirchenleitung. Seit 1976 lebt er im Ruhestand nahe Bonn, unterbrochen durch Gastprofessuren in den USA.

Universitäten des In- und Auslandes verliehen ihm die Ehrendoktorwürde; die Universität Bonn ernannte ihn zum Honorarprofessor. Seit 1974 ist er Mitglied des PEN-Clubs. 1989 erhielt er das Große Bundesverdienstkreuz. Das Internationale Bonhoeffer-Komitee berief ihn zu seinem Präsidenten.

QUELLENNACHWEIS DER ABBILDUNGEN

Ullstein Bilderdienst, Berlin: 26, 39, 43, 49, 63, 71, 73, 76 links oben, 77, 91 oben, 97 / Bilderdienst Süddeutscher Verlag, München 78 / M. u. F. Zellweger-Barth, Basel: 108 / dpa: 112 / Rowohlt-Archiv: 114 / Pfarrer W. Engler, Berlin: 41 / Karl Kupisch: 46 / Rudolf Pestalozzi, Zürich: 52 / Pressens Bild AB, Stockholm: 69 / Aus: The Steps of Bonhoeffer. A Pictorial Album. J. Martin Baily and Douglas Gilbert. United Church Press, Philadelphia: 89 / Emmi Bonhoeffer, Düsseldorf: 98 rechts oben / Alle übrigen Vorlagen stellte der Autor zur Verfügung.

Literatur

rowohlts monographien
Begründet von Kurt Kusenberg, herausgegeben von Wolfgang Müller und Uwe Naumann.

Eine Auswahl:

Thomas Bernhard
dargestellt von Hans Höller
(504)

Agatha Christie
dargestellt von Herbert Kraft
(493)

Carlo Goldoni
dargestellt von Hartmut Scheible
(462)

Franz Kafka
dargestellt von Klaus Wagenbach
(091)

Heinar Kipphardt
dargestellt von Adolf Stock
(364)

Gotthold Ephraim Lessing
dargestellt von Wolfgang Drews
(075)

Jack London
dargestellt von Thomas Ayck
(244)

Molière
dargestellt von Friedrich Hartau
(245)

Nelly Sachs
dargestellt von Gabriele Fritsch- Vivié
(496)

rowohlts monographien

William Shakespeare
dargestellt von Alan Posener
(551)

Anna Seghers
dargestellt von Christiane Zehl Romero
(464)

Theodor Storm
dargestellt von Hartmut Vinçon
(186)

Italo Svevo
dargestellt von François Bondy und Ragni Maria Gschwend
(459)

Jules Verne
dargestellt von Volker Dehs
(358)

Oscar Wilde
dargestellt von Peter Funke
(148)

Stefan Zweig
dargestellt von Hartmut Müller
(413)